中国経済崩壊、そして日本は甦る

産経新聞特別記者・編集委員兼論説委員
田村秀男
Hideo Tamura

ワニ・プラス

はじめに

世界経済はカネ、モノ、ヒトの国境を越えた移動の自由化、即

によって、すべての国・地域がともに栄える「ウィン・ウィン」だと信じられてきた。ところが現実は必ずしもそうではなく、一方が栄えれば、他方が衰退する。つまり双方を足せばゼロになることを表す「ゼロサム」というのが、正解かもしれない。

早い話、日本経済がそうである。一九八〇年代からのグローバリゼーションの波に乗った。日本の国内総生産（ＧＤＰ）は一九九五年には米国の七割を超え、数年後には米国を抜くかと思わせたが、翌年以降はゼロ・パーセント経済成長に陥った。

日本の二〇二三年ＧＤＰは四・二兆ドルで一九九五年の五・五兆ドルを大きく下回る。米国はそれぞれ二七兆ドル、七・六兆ドルだ。

中国はどうか。ＧＤＰは二〇二三年一七・八兆ドルだが、一九九五年は〇・七三兆ドルにすぎなかった。

為替レートが大きく影響するので、ドル換算では実体経済を正確に反映しないとみる向きも日本国内にはあるが、謂《い》わば負け惜しみでしかない。円安ならば、製品などの国際競

争力が高まるのだから、円安の分だけ実体経済（国内総生産＝ＧＤＰ）が拡大すればドル換算ＧＤＰ値が減ることはない。それができないのは、日本政府の政策無策、愚策のせいである。そんな当たり前の危機意識が、恐るべきことに日本の政財学界、主流メディアのエリートたちに欠けている。

日本はグローバル経済のなかでどう位置づけられるのか。グローバリゼーションの要である基軸通貨ドルによってカネが循環する国際金融の縁の下を支えている。中国はそんな国際金融の最大の受益国である。

グローバル金融市場の総本山、ニューヨーク市場には世界の余剰マネーが流入し、そして国際金融資本の手で世界中に再配分される。したがって国際金融取引には必ずドルが介在する。

だが、ドル基軸体制には致命的な弱点がある。米国は世界最大の国際収支（経常収支）赤字国であり、絶えず巨額の資本流入を必要とすることである。もしも流入が急激に細るようなことになると、ドル金利は急騰し、株価は急落しかねない。一九八七年一〇月一九日の史上最大の株式暴落「ブラックマンデー」がまさにそうだった。その二年前のプラザ合意はドル高是正が目的だったが、ドル相場の下落が止まらなくなって、ニューヨーク金融市場はパニックに陥った。

以来、米連邦準備制度理事会（ＦＲＢ）は外部からの資本流入を意識した金融政策に腐心しているが、何しろ世界の投資家は利によって動くので、当てにならない。肝心なのは米国向けに資金を安定して出せる国があるかどうかである。

その役割を文句も言わずに引き受けてきたのが、同盟国日本である。世界最大の純債務国は米国、日本は世界最大の純債権国であり、対称形を成している。米国が市場や経済の安定のために必要とする額は、経常収支赤字分に等しい。ドルは基軸通貨なのだから、日本から外に出ていく円資金は必ずどこかでドルに換わる。つまり、日本の対外投融資は米国内外のドル金融の流れに溶け込んでいく。

会計年度ごとの日本の対外投融資と米経常収支赤字、円の対ドル相場の推移を追ってみる。アベノミクスが始まった二〇一二年度から二〇二〇年度までの期間を例にとると、日本からの対外投融資は合計で四二〇兆円、米国の経常収支赤字額合計は四一〇兆円であり、米赤字分は日本のカネで完全に帳消しになった。米金融市場も経済も、円ドル相場も安定した。

さらに、二〇二一年から二〇二三年度の期間合計はそれぞれ一六六兆円、三七〇兆円とギャップが生じているが、それでも米赤字の四五パーセントが日本からの資本で穴埋めされている。

中国経済が爆発的な成長を遂げることができたのは、通貨人民元を「管理変動相場制」という準ドル本位制にしてドルにリンクさせ、海外からの投融資、つまりドル金融市場からの資金流入を容易にしている点が大きく寄与している。中国を肥らせる国際金融市場を支えるのが、デフレ停滞の日本という構図なのだ。デフレの日本は内需が萎縮するので、日銀がいくらカネを刷っても国内では回らず、海外、即ち国際金融市場に流れ出る。そのことを端的に示すのが、上記のアベノミクス期間の日米間資金流出入バランス、ゼロサムなのである。

膨張中国はそのうえに咲く巨大なあだ花なのだろう。ならば、いつかは瓦解する。いまや世界の指導者たちが固唾《かたず》を呑んで見ているのは、中国が衰退プロセスにはまったことだ。二〇二一年末に始まった不動産バブル崩壊不況の底が見えず、需要不振が長引き、デフレ圧力が強まっている。

それは、日本にとって再浮上のチャンスなのか。ゼロサムの定理からすれば、中国没落は日本の再浮上でなければならないはずである。それとも、ウィン・ウィンの原則とは逆に、共倒れする羽目になるのか。

本書は、その問いに答えようと試みた。

共産党主導の市場経済の本質を見据えつつ、毛沢東以降、並みいる中国の共産党指導者のなかでもっとも強権独裁の地位に固執する習近平党総書記・国家主席の思考、戦略とその限界、日本など世界に及ぼす衝撃、さらに今秋の米大統領選で復活が取りざたされるトランプ前大統領の対中戦略、これらをひと摑みにして考える。

グローバル経済情勢は日々刻々、ときには激しく変わる。それを読み解くだけの経済学などアカデミズムは明らかに力不足である。西側ジャーナリズムも表面上の出来事を追いかけるのが精いっぱいだ。

冷徹なデータ分析と時事情報、独自の取材を重ね合わせるよう、本書は試みた。

親中でも反中でもない。イデオロギーや信条は抜きにしても、人間の自由と尊厳を不当に踏みにじる体制が長続きするはずはない。

読者の多くの問題意識に即応できれば僥倖《ぎょうこう》というしかない。

二〇二四年七月

田村秀男

第一章　水増し疑惑の中国当局公表の経済統計数字

第四章 習近平の狙い

第一章

水増し疑惑の中国当局公表の経済統計数字

首相だった李克強は、なぜ死んだのか

二〇一三年三月一五日に開かれた第一二期全人代（全国人民代表大会）第一回会議において第七代国務院総理（首相）に選出されたのが、李克強だった。その前日に同会議で習近平は、国家主席・国家中央軍事委員会主席に選出され、ナンバー・ワンの座に就いている。その習近平に次ぐナンバー・ツーが、李克強だったわけである。

その李克強は、二〇二三年一〇月二七日に突然、この世を去ってしまう。享年六八歳。宿泊先のホテルで水泳をしていた際の心臓発作が死因と報じられたが、中国共産党員の間では「習近平による暗殺」という噂が囁《ささや》かれている。それほど、習近平にとって李克強は〝目の上のタンコブ〟であった。

中学入学後すぐに文化大革命が起きて学校が解散されたため学校教育が中断された習近平と違い、李克強は文化大革命終息後に北京大学法律系に入学して法学学士号を取得、大学院では経済学を専攻し、博士号を取得している。そのときの博士論文「我が国経済の三元構造を論ずる」は、中国経済学界の最高栄誉とされる孫冶方《そんやほう》経済科学賞の論文賞を獲得している。つまり李克強は一流のエコノミストであり、市場経済というものを深く理解し

ていたのだ。

そんな李克強は、習近平にとっては邪魔な存在だった。二〇二二年一〇月の中国共産党第二〇回全国代表大会で首相を退任するが、中国憲法で二期を超えて連続で務められないと定められているためというのが表向きの理由である。一方で習は、同じく憲法で二期までとされている主席の三期目を目指し、二〇二三年三月一〇日の全人代で実現させている。そのため、習近平の圧力によって李克強は辞任させられた、との見方も根強くある。

そして、中国の地方政府や国有企業幹部を兼ねる共産党員の間では〝暗殺〟という噂にまでなっている。首相を退任させているのだから、そこまでやる必要はないだろうと思われるかもしれないが、それほどに習近平は李克強の存在が邪魔だった。もっと言えば、恐怖を覚えていた。

なぜなら、経済が低迷すればするほど、市民の間で李克強へのラブコールが強まっていたからだ。中国経済の失敗をもたらしているのは習近平にあり、中国経済を救えるのは李克強しかいない、というわけだ。

習近平にしてみれば、李克強の存在は中国国内において自分への批判を強めることになる。それは、中国で強権を振るう習近平には、絶対に許せないことだったのだ。

習近平と李克強の経済路線の違いを簡単に言えば、習近平は生産重視の毛沢東路線派、一方の李克強は鄧小平が推し進めた改革開放路線派である。習近平は党による産業支配を弱める市場の自由化を極端に恐れている。だからこそ、改革開放路線派の李克強の存在が邪魔だったし、恐れてもいたのだ。

「信用できない」という李克強の発言と危機

李克強は、遼寧省のトップである同省共産党委員会書記だった二〇〇七年に、衝撃的な発言をしている。中国の国内総生産（ＧＤＰ）の統計数字について、米国の駐中国大使に向かって「人為的につくられており、信用できない」と語ったのだ。

経済の素人の言葉ではない。中国経済学会の最高栄誉賞を受賞し、政治的にも重要な地位を占めていた人物の言葉である。西側では重要な発言と受けとられ、以来、経済専門家の間では中国の経済統計数字について偽装の疑いが消えていない。

ところが、国際通貨基金（ＩＭＦ）の優秀であるはずのエコノミスト集団は、中国当局の発表をほぼそのまま採用している。ＩＭＦ自体が、中国市場を重視して投融資を進めてきた米欧国際金融資本の利害代弁者でしかない。それだけに投融資に都合の良い経済統計数字、つまり中国当局の発表数字を鵜呑《うの》みにする傾向が強い。二〇一七年にはＩＭＦのクリスティーヌ・ラガルド専務（当時、現・欧州中央銀行〔ＥＣＢ〕総裁）が、「一〇年後にはＩＭＦ本部を中国の首都、北京に移す可能性がある」と言い切ったほどだ。

米英のアングロサクソンが中心となっている国際金融の総本山が、規制だらけの金融市場の中国に本部を移すことは現実にはあり得ない。したがって、ラガルド発言はＩＭＦや米欧金融界の中国への媚びへつらいそのものだが、国際金融界が中国経済拡大幻想に囚われていることの表れでもある。ＩＭＦ・世界銀行のドル換算したＧＤＰデータでは、二〇一七年時点では米国一九・五兆ドル、中国一二・三兆ドル、二〇二二年はそれぞれ二五・四兆ドル、一八兆ドルとなっており、中国は米国に追いついていないが、前年比増加額は二〇〇七年以降、二〇二一年までの期間、おおむね中国が米国を凌ぐようになった。一〇年前比増加額の世界のＧＤＰ増加額に対するシェアは二〇二二年まで中国が米国を凌駕しつづけた。二〇一七年シェアは中国三八・二パーセント、米国二一・八パーセントである。ラガルドらは自らがまとめたデータからみて、「いまや中国の時代」だと信じ込んでいてもおかしくない。

世界経済への中国の影響力が米国よりも大きいというなら、中国が経済危機に陥ることをＩＭＦは恐れる。中国は二〇二二年に本格化した不動産バブル崩壊不況が続く。中国の経済成長は不動産開発を中心とする固定資産投資が牽引《けんいん》してきた。中国特有の市場経済システムは共産党が土地を配分、利用する権限を持ち、党が支配する中国人民銀行が資金発行し、国有商業銀行を通じて不動産開発金融を行う。このやり方は、不動産相場が上昇する局面では極めてうまく機能するが、相場が下がりつづけると歯車は逆に回る。

不動産開発投資は関連需要を含めると中国のＧＤＰの約三割を占めると言われる。不動産市況低迷は即ち中国経済の危機を意味する。

この局面に至っても、ＩＭＦは中国に対し、相変わらず大甘である。中国当局発表の経済データをほぼそのまま踏襲し、楽観的な経済予測をまとめるのだ。

中国への忖度《そんたく》ぶりが浮き彫りになっているのが、二〇〇四年一月に公表された「世界経済見通し　改訂版」と、同年二月の「中国経済審査報告書」である。いずれも、ＩＭＦが作成したものだ。

前者では、中国の実質経済成長率の予測値を二〇二三年が五・二パーセント、二〇二四年が四・六パーセントと予測している。同じく米国では、二〇二三年が二・五パーセント、二〇二四年が二・一パーセントだ。日本はといえば、二〇二三年が一・九パーセント、二〇二四年になると〇・九パーセントである。経済成長率は低下しており、それは中国も例外ではない。

これが後者になると、中国では二〇二三年が五・四パーセント、二〇二四年が四・六パーセントとしている。二〇二三年分の前者の予測値を後者で〝上方修正〟している。世界的に経済成長率が低下しているなかでも、中国は景気拡大を続けていることを印象づけるものだ。経済低迷が指摘されている中国のほうが、経済絶好調と言われる米国の二倍以上もの成長を続けていることになる。

IMFの報告書は、中国経済の堅調ぶりをアピールしていることになる。中国当局の発表数字を鵜呑《うの》みにしているために、こんなことになっている。それは、中国経済の実態とは違っている。

この先、一〇年は中国市場に見込みはない

最終消費支出と、総固定資本形成と純輸出（輸出から輸入を引いたもの）の成長寄与度を足し合わせると実質成長率になる。グラフ1－1は中国当局が公式発表しているデータから作成した実質GDP成長寄与度である。最終消費支出が二〇二三年には大きく伸びて

グラフ1-1　中国公式発表の実質GDP成長寄与度

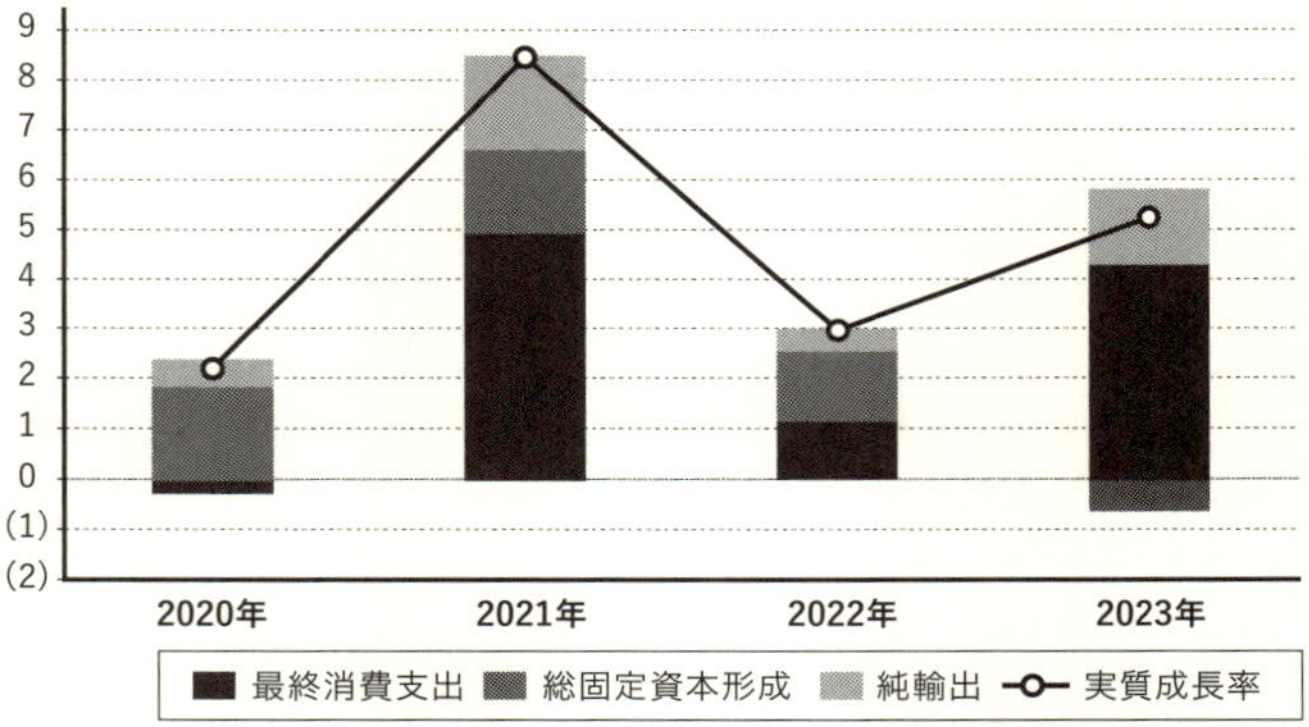

※データは中国国家統計局より

グラフ1-2　中国の物価前年同期比増減(%)

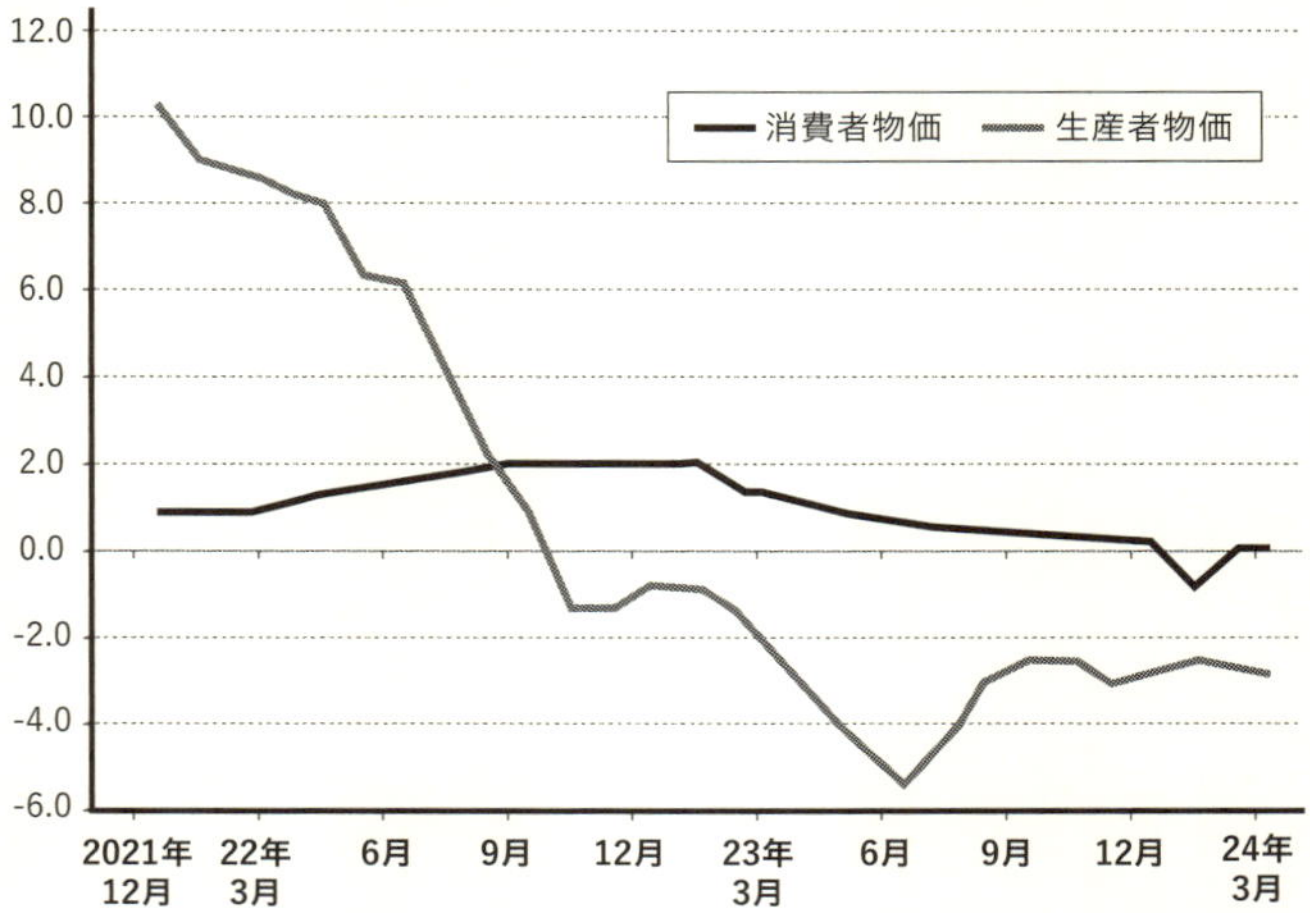

※データは中国国家統計局より

いる。つまり、需要が拡大しているわけだ。

日本における一九九〇年代後半以降の長期慢性デフレはバブル崩壊後の需要の低迷によって引き起こされたが、そのようなことは、需要が拡大している中国では起こりようがないはずだ。ところが現実には、中国国内ではデフレ圧力が重くのしかかってきている。

グラフ１−２は、中国の消費者物価と生産者物価の前年同期比増減率である。生産者物価は二〇二二年の秋以降マイナスが続いているが、消費者物価は二〇二三年五月以降、ゼロ・パーセント近くの横ばいで推移している。

ウクライナ戦争の勃発で西側諸国はエネルギーコストの激しい上昇に見舞われた影響で、消費者物価は急上昇した。景気拡大が続いている米国でも、二〇二二年三月には八パーセント台にまで上昇し、徐々に上げ幅を縮小したものの、二〇二三年半ばからは三パーセント台で推移している。そもそも需要不足が続く日本では、米国よりも消費者物価上昇率は大幅に小さいが、それでも二〇二二年四月に二・五パーセントとなり、八月からは三パーセント前後で推移してきた。二〇二四年三月になっても、二・七パーセントである。日本の場合は、円安の進行もあって輸入コストは押し上げられるため需要は増えず、消費者物価は上昇しない傾向にある。

人民元安にある中国の消費者物価が横ばいで上がっていないのは、日本と同様に需要不振を反映しているはずである。生産者物価が落ち込む一方なのは、販売不振のためにコスト上昇分を生産者が販売価格に転嫁できないためだと考えられる。需要が冷め、生産者がコスト増を価格に転嫁できない状態で苦しんでいる。これは、明らかに中国経済の低迷ぶりを示している。ＩＭＦは「上方修正」して中国経済の好調ぶりをアピールしているが、実態は、まるで逆なのだ。

中国経済界の現場からの声を聞くと、まさに切実な状況である。二〇二四年二月初旬に、筆者は中国経済の一線で働く人たちに話を聞いた。

上海近郊でリース業を展開している経営者は、「倉庫のリース契約のキャンセルが昨年から相次いでいるが、回復の兆しは皆無だ」と言った。需要が上向かないために物流が滞り、倉庫の需要がなくなっているからだ。地方政府への資材を納入している業者は、「もう半年以上、代金を払ってもらっていない」と打ち明けた。地方政府でさえ資材代金を払えない状況が続いているのだから、民間ではもっと深刻なはずだ。

上海のビジネス・エリートである知人の何人かは、「二〇二三年の実質経済成長率が五・二パーセントなんて、私たちの仲間で信じる者は誰もいない。これからの一〇年どころか、二〇年先も中国市場には期待が持てない。日本など海外での新ビジネス起ち上げを考える」と口を揃えた。それくらい中国人ビジネス・エリートは中国市場の低迷を絶望視している。「二〇年先は期待を持てない」という彼らの発言が、筆者には「習近平の支配が続いているかぎり中国市場の活性化はない」と聞こえた。

中国当局発表の経済統計数字の信憑性

先に中国の国家統計局が公表している実質GDPの成長率と成長寄与度を紹介した（二二頁）。不思議なことに国家統計局は、二〇二三年の実質経済成長率を二〇二四年一月一七日に発表したが、その時点ではGDP需要項目別の原データについて、二〇二二年までしか明らかにしていない。需要項目別の発表は大幅に遅れた五月二七日である。つまり、根拠となる消費、投資などの生のデータなしにいきなり実質および名目の成長率だけをポンと出したのだ。

五・二パーセントとした一月一七日発表の二〇二三年の実質経済成長率にしても、前年比増減率、成長寄与度を含めて「インデックス（指数）」として示しているだけで、肝心の母数（固有の統計量）は明らかにしていない。そこにも、何かしらの〝意図〟を感じな

グラフ1-3　中国の名目GDP項目別増減率と公式発表の名目成長率(%)

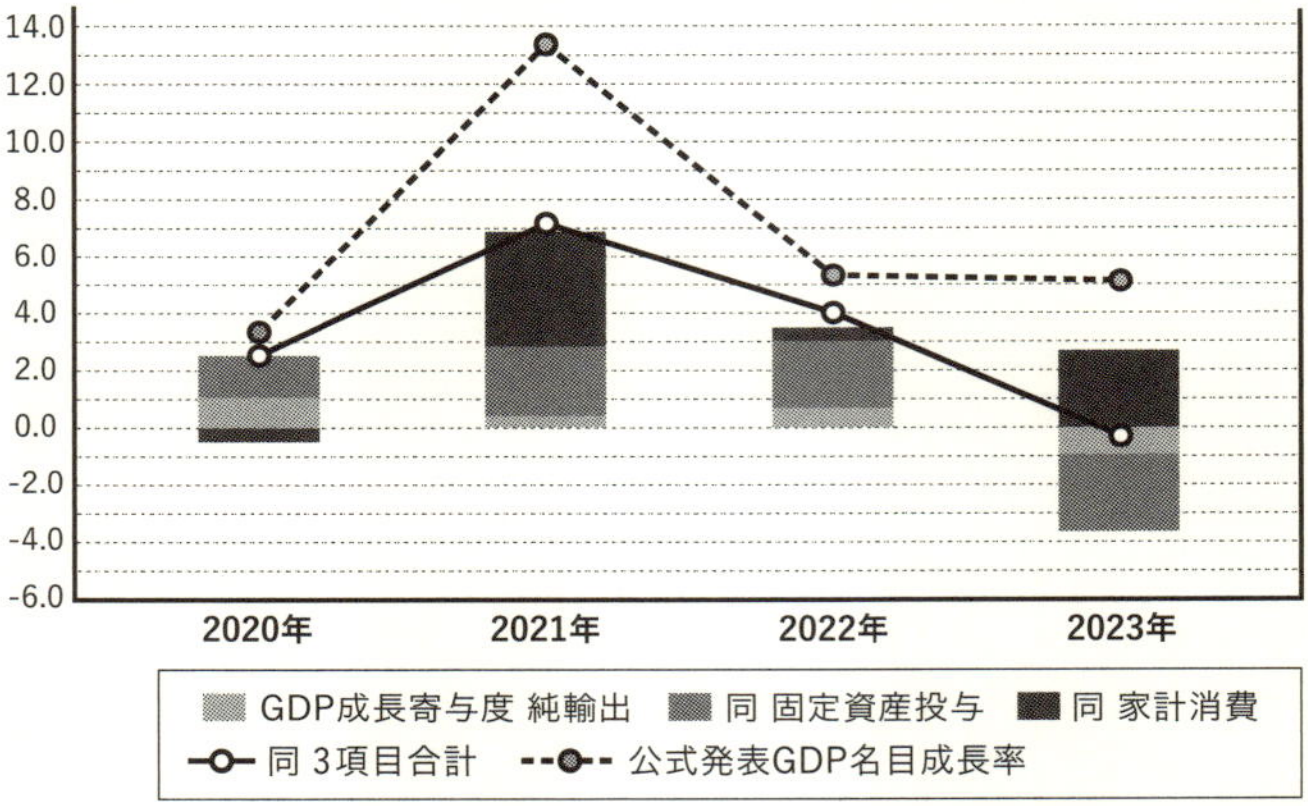

※データは中国国家統計局、CEICより

いわけにはいかない。

隠されているのなら、日の当たる場所に引っ張り出してみるまでだ。純輸出、家計消費、固定資産投資がそれぞれＧＤＰ成長率をどれくらいの幅で上下させているのかを表すＧＤＰ成長寄与率の母数は、中国国家統計局などの分野別統計から拾い出せる。つまり国家統計局による固定資産投資と家計消費関連の統計、それに中国外国為替管理局が公表している国際収支統計のなかの純輸出である。

それらをピックアップして、成長寄与度と合計を算出してみたのがグラフ１－３である。ここからＧＤＰ成長率の大要が浮き彫りになってくる。

グラフの実線が母数を合計したもので、名目成長率はほぼ等しくなるはずだ。点線が中国当局が発表しているGDP名目成長率だ。比較してみれば、当局発表分が合計値（実態）を常に上まわっていることがわかる。

とくに興味深いのが、二〇二三年である。二〇二〇年から二〇二一年にかけては数値の違いはあるにせよ、合計値も当局発表も上向いている。二〇二二年にかけても、同じように下向いている。しかし二〇二二年から二〇二三年にかけては、当局発表では横ばいになっているのだが、合計値は下向いている。二〇二三年の名目成長率を中国当局は四・六パーセントと発表しているが、筆者が独自に算出した合計値ではマイナス一・二パーセントなのだ。

あまりに酷い乖離《かいり》であり、〝水増し〟であり、〝粉飾〟の疑惑濃厚だ。かつて李克強が「人為的につくられており、信用できない」と指摘していた実態が、まさに、ここにある。

この虚偽を、筆者は二〇二四年一月末の段階で『産経新聞』や『夕刊フジ』に書いた。しかし、この段階では、こうした中国の実態を米国や欧州、日本の新聞、テレビはまったく報じていない。唯一、経済・金融情報を発信している米国の大手総合情報サービス会社『ブルームバーグ』が一月一九日に、調査会社「ロジウム」の「五・二パーセントになるはずがない」という担当者のコメントを報じたくらいだ。その担当者の予測も、「実際は二パーセントくらいではないか」というものだった。実態は、もっと悪い。

米国メディアの反応が変わるきっかけが、二〇二四年三月五日の第一四期全人代第二回会議において、前年三月の全人代で首相に就任した李強が行った「二〇二四年政府活動報告」だった。ここで李強首相は、二〇二三年のGDPについて「前年比で五・二パーセントの伸び率は、世界の主要経済全体の上位を占めるものであった」と自画自賛し、二〇二四年の目標として「GDPの伸び率は五パーセント程度とする」と述べたのだ。

これに対して『ウォール・ストリート・ジャーナル』が三月七日付で、「中国のGDP統計、信じてはいけない」というタイトルの記事を打ち出した。同じタイミングでブルームバーグも、自社がやっているブルームバーグテレビジョンにゴールドマン・サックスの中国専門アナリストを登場させて、中国の経済は悪化する一方で今後一〇年は立ち直れないという内容の番組を放送した。

これで中国の信用失墜が決定的になる。外資はますます中国にそっぽを向くようになり、中国経済のこれまでの成長モデルが崩れることになった。中国経済が急速に成長してきたのは、ウォール街のカネと日本の技術があったからだ。ウォール街からカネが流れてこなくなり、日本企業の縮小や撤退も始まり、中国経済は成長の条件を失いつつある。

高成長持続をアピールすることで外資を惹きつけるのが、習近平の戦略だった。そのためにＧＤＰの水増しを行い、全人代で李強首相に好調ぶりを強調させもした。しかし、その戦略はつまずいた。

ここから習近平がどういう挙に出るのか注目されるが、それは世界経済にも大きな影響を与えることになる。即ち、製造業に着目し、鉄鋼から電気自動車（ＥＶ）に至るまで大増産させ、安直に輸出攻勢をかける。詳しくはあとで述べる。

貧しかった中国

筆者が中国に初めて行ったのは一九八〇年だった。日中経済閣僚会議の第一回会合が北京で開かれ、その取材のためだった。

鄧小平が主導することになった中国共産党は、一九七八年一月の第五期全人代第一回会議で「近代化された社会主義」を目指す新憲法を採択して、中国経済の発展を目指す「改革開放路線」を推し進めていくことになる。筆者が中国を訪問したのは、その改革開放路線が始まったばかりのころだったわけだ。日中間の経済連携を進めていくための会議が日中経済閣僚会議で、このころが日中友好のピークだったとも言える。

その北京で宿泊したのは「民族飯店」といって、当時の北京では二番目に高級なホテルということだった。といっても、かなり古い建物だったのには驚いた。

さらに驚いたのは、冬だというのに部屋の中がやたらと暑いことだった。現在のようなエアコンはなく、石炭によるスチーム暖房で、室温の調整ができない。あまりの暑さに仕方なく、窓を開けて寝た。そうしたら、朝起きて洗面台の鏡を見ると顔や鼻孔が真っ黒になっていた。これには、仰天した。

理由は、街中が石炭のスチーム暖房を使っていたために、その煤塵《ばいじん》（すすや燃えカス）で街中が包まれてしまっていたからだ。年配の人なら理解できると思うが、蒸気機関車でトンネルの中に入ってしまったような状態だったわけだが、トンネルの中より酷かった。

「とんでもないところに来てしまった」という印象だった。

まだクルマが普及しているわけがなく、みんな自転車で移動しているので、道路が自転車で溢れている。皆が同じ人民服のようなものを着て、それが真冬だったので綿が入っているようで、パンパンに着膨れしてもいた。日本と比べれば、遅れに遅れていた。

北京を離れて地方都市を訪ね、レストランに行くと、地元料理がかなりの大盛りで矢継ぎ早に運ばれてくる。どれも美味しい。筆者も若かったから、もうパクパク食べていた。ところが、まだまだ残っているのに、店の係が皿を引きあげて行ってしまう。「あんなに残っているのに、もったいないよな」と、筆者は素朴に思っていた。そうしたら案内の外務省の担当者が、「あれは、店員たちが店の奥で食べるんですよ」と説明してくれた。注文して出てきた料理は全部を食べないで店の人たちのために残すのが礼儀だと、そのとき初めて知った。そうしないと、レストランで働く人たちは満足に食べられない。まだそれくらい貧しい時代だった。

日中友好を取材するために新聞記者たちは来ているということで、いろいろなところを中国側が案内してもくれた。そのひとつが、中国最大級の炭鉱である大同炭鉱だった。ここは日中戦争中に日本軍が占領していたところでもある。

その坑道の入口近くに展示室があったが、そこに入って行こうとしたら中国側の案内人が必死になって止める。「なぜだろう」と思って、チラッと見たら、蝋人形のようなものが置いてあるのが見えた。日本軍の兵士が中国人労働者を酷使している状況を表現したものので、いかに日本兵が鬼畜のように中国人を苛めたかを伝えようとしているようだった。

改革開放路線の前、中国では「文化大革命」の嵐が吹き荒れていた。そのころの中国国内は、反日で凝り固まっていた。そこから間もないころで、改革開放路線で日中友好になったからといって、そう簡単には変わらない。大同炭鉱の展示室を変えたり撤廃するところまでいっていないので、文化大革命のころのままになっていたのだと思う。それで筆者たち日本人を案内してしまって、日本の援助を頼りにしている中国側も焦ったのかもしれない。

文化大革命の時代と大きく変わっていないのが、こんなところにも表れていた。北京の空港で土産物を買おうとしても、店員がやる気がなくて、こちらに対しては知らんぷりで、店員同士で世間話ばかりしている。人民公社時代はインセンティブもないし、働いても働かなくても報酬は一緒だ。改革開放路線に転換しても、かつての時代の意識が抜けないどころか、「そのまま」という印象でしかなかった。やる気のなさでは、市内の土産物店もそうだった。

ただし、中国全体がそうではなかった。上海は日本軍が占領した建物が昔のまま残っていたけれど、いまでも観光客が集まる場所として知られている外灘（バンド）には露天の店が溢れていた。何を売っているかといえば骨董品、それも外国人向けの骨董品を売っていた。

すごく安いのだけれど、「ホンモノですよ」とお墨付きらしいスタンプが押してあったりする。中国にとっては貴重な骨董品を外国人に売って海外に持ち出されて大丈夫なのかと思ったのだが、「清朝以降、一〇〇年ちょっとくらい前のものなら大丈夫だから税関で捕まるようなこともない」と説明するから、新聞記者の安月給でも買えるような値段のものを二、三個買って帰った。あとで香港支局に赴任したときに、香港の骨董専門家に見せたら、「こんなもの、値段はつきませんよ」と言われてしまった。外国人観光客向けのニセモノだったのだろう。

改革開放路線が始まって外国人のビジネス関係者がボチボチ来ていたころで、その外国人客を相手にする商売を始めている人たちもいた。それも、ほんとうに薄汚れた格好の人たちが商売をしていた。商魂たくましい中国人の姿を見た気になったのも事実だけれど、彼らの格好からは中国の貧しさが伝わってきたのも事実だ。それほど、一九八〇年ごろの中国は貧しかった。

一九七八年ごろに米国の原子力学会の関係者が、原子力技術の交流で大挙して中国を訪問したことがあって、彼らが東京に寄ったときに筆者はインタビューし、米中の原子力交流をスクープしたことがある。そのとき彼らが、中国の農民が農作業のとき被る笠を土産にして満足気だったのが印象的だった。米国人からすれば、昔ながらの中国を象徴するような農民の笠が珍しかったのだろう。

工業化が始まったばかりの中国は、改革開放路線で急速な経済発展を実現した。そして現在、低迷の時代に突入した。

不動産バブル崩壊から抜け出せない中国経済

中国経済が直面している問題は、不動産バブルが崩壊し、そこから抜け出す方策を見つけられないでいることだ。まさに閉塞的な状況にある。不動産バブルの崩壊は、中国特有の経済システムに因《よ》る。特有のシステムだからこそ行き詰まった、とも言える。

何が特有かと言えば、土地とカネ（資本、金融）を中国共産党という独裁権力が支配し、その配分を決めていることだ。

西側諸国の経済システム、いわゆる資本主義経済システムでは、土地とカネさえあれば資本として活用できる。立法、行政、司法の三権および通貨発行、さらに軍、警察のあらゆる権力を掌握する独裁政党が独占するということはない。

しかし中国では、それが行われている。だからこそ、経済統計の数字の水増しがいとも簡単にできてしまうのだ。

この特有のシステムが成功することで、中国経済は急成長を遂げることができた。一九四九年一〇月一日、毛沢東が中華人民共和国（中国）の建国を宣言して以降の経済成長は非常に低レベルのものだったが、改革開放路線からは土地をどんどん活用してカネを投入していった。つまり、投資である。足りないカネと技術は外資投入で賄う。それによって、急成長が実現された。

具体的に言えば、その投資とは土地の上に建造物を造っていくことだ。高速道路や鉄道、空港といったインフラに始まり、工場などの生産設備が造られる。そして、民を満足させるための住宅も建てられる。固定資産投資と呼ばれるものだ。こうした投資を拡大していくことで消費も増え、輸出も増えてＧＤＰが拡大し、高度成長が実現されていった。投資に重点を置くことで、中国経済はふた桁台の成長を達成することができたのだ。

これは、中国共産党が土地とカネを支配し、ヒトを統制するからこそ可能だった。中国共産党が投資に重点を置くと決断すれば、誰も反対することがなく、着実に実行されていくからだ。中国だからこそ可能な特有の経済システムで、それを上手く活かしてきたのが改革開放路線である。

習近平が中国共産党の最高職である中央委員会総書記の座に就いたのは二〇一二年一一月だったが、そのときにはインフラ整備や工業生産という投資はピークに達していた。それでもさらなる成長を目指す習近平がターゲットにしたのが、住宅だった。不動産開発を中心とした固定資産投資が、すさまじい勢いで実行された。

いかにすさまじかったかと言えば、二〇一七年と二〇一八年の二年間で中国国内で消費されたセメントの量が、二〇世紀の一〇〇年間に米国で消費されたセメントの量を上まわっていることでもわかる。経済成長を大命題にした習近平が不動産開発を重点に置いたために、驚異的なスピードで住宅建設を推し進めていった。これが行きすぎたために不動産バブルとなり、そして弾けてしまった。

日本の人口を超える空き家数

中国で不動産バブルがピークを迎えたのは二〇二一年の秋ごろで、その後はピークアウトして住宅価格の相場が下がりはじめる。

それまでは、中産階級以上の多くの市民が住宅・マンションにカネを注ぎ込み、不動産開発に重点的に投資が行われ、中国経済は高い成長率を維持することができていた。

ところが供給が需要を上まわると、住宅・マンションが売れなくなってしまう。不動産バブルが弾けたのだ。そうなると住宅建設も止まり、住宅供給数は二〇二二年以降は前年を下まわりつづけていく。

これで何が問題になるかと言えば、カネが回らなくなることだ。カネが回らなくなれば、成長も低迷する。不動産開発による成長を続けていくという、習近平の戦略が破綻してしまったのだ。

需要と供給がバランスのとれた状態で止まっていれば、まだ、問題はないと言える。しかし経済における需要と供給の関係は、均衡する状態で止まることはあり得ない。需要を予測することは困難なので、概して供給が需要を上まわってしまうことになる。中国の場合も例外ではなく、不動産バブルがピークアウトして、住宅供給が需要を上まわってしまっている。

それがどれくらいかと言えば、中国における空き家・空き部屋の数は一億五〇〇〇万戸という試算もあるくらい供給が上まわってしまっている。ひと世帯平均ふたり強とすれば、一四億人の住居は四億戸あまりで済むことになるが、その約三七パーセントもの供給過剰だ。過剰の大半は都市部のマンションだ。すさまじいほどの供給過剰となっているわけだ。

こうなることは、習近平政権も予測できなかったはずはない。一九七九年から二〇一四年まで実施された中国の産児制限政策、いわゆる「一人っ子政策」で中国の若者人口は激減している。つまり、住宅を必要とし、取得しようとする人の数は急速に減ってきていることになる。それを見越さずに不動産投資を増やして住宅供給を続けていれば、すぐに供給過剰になることは理解できたはずだ。おそらく、二〇一七年ごろには予測できていたのではないだろうか。

にもかかわらず、習近平は不動産投資にブレーキをかけることができなかった。習政権にとって不動産投資が、経済成長のための手段だったからばかりではない。不動産相場の値上がり益を期待して二軒目、三軒目のマンションを買う人々の投資への欲望が膨らみ続けたのだ。そして、バブル崩壊を招いてしまった。さらに、そこから抜け出す方策も見つけられずにいるのが、現在の中国の状態である。

バブル崩壊でも不良債権が発生しない中国の不思議

一九九〇年初頭にバブル崩壊が起きた日本では、銀行が大量の不良債権を抱え込むことになって大問題となる。しかし、中国の銀行では不良債権問題が表面化していない。都市部を中心に億単位の数の空き家が存在しているというのに、不動産開発に融資する銀行の経営危機が目立たない。日本や西側諸国では考えられないことが、中国では起きている。

銀行が貸付担保の価値がなく、返済が困難と判断すれば不良債権になるはずだ。かなりの不良債権が発生していると考えるのが西側諸国の感覚である。しかし中国の中央銀行である中国人民銀行の統計をずっとフォローしていても、不良債権比率は増えていない。

正しい情報を公開していないことも理由だが、そもそも不良債権の分類が緩いことがその実態を見えなくしている。西側の基準では不良債権にも灰色とか真っ黒など段階があるが、灰色を白とするのか黒とするのかで、不良債権比率は違ってくる。中国の場合、灰色を白にしてしまっている、黒に近い灰色なのに白にカウントしてしまっているのではないだろうか。金融を中国共産党が支配している特有のシステムだからこそできることである。

隠してしまったからといって、不良債権は不動産相場下落とともに膨らむ。いくら中国共産党でも、実際にはある不良債権を雲散霧消できない。

その不良債権の一端がどこに表れるかと言えば、ノンバンクである。

中国のノンバンクは、金融監督当局から金利などの規制を受ける商業銀行と違って規制が緩く、銀行よりも高い金利で金融取引を行う。銀行から低利の資金を調達したり、投資信託など高利回りの金融商品を発行して、中小企業経営者、富裕層、主婦等から資金を集めて、不動産開発業者や中小、零細企業に高金利で融資したり、投資する。投融資先は不動産が主で、とくに不動産相場が高騰しているときは高い収益率を上げ、元利払いは問題がなかった。しかし、不動産市況が悪化すると、金融商品の元利払いができなくなり、経営破綻してしまう。

謂《い》わば、高リスク、高リターンの金融だが、信用力を高めるために、金融監督当局など政府機関幹部、裁判官のOBを役員陣に並べ、投資家を引きつけて、巨大化したノンバンクもある。その代表が中植企業集団である。

ノンバンクの信用については以前から問題視されてはいたものの、楽観視するムードがあったのも事実だ。筆者の知り合いに上海の金融機関の幹部がいるが、彼はノンバンクの信託商品に日本円でおよそ一〇億円も注ぎ込んでいる。ところが二〇二三年の七月末に突如ノンバンクの元利払いが止まった。「大変なことになりましたね」と筆者が言うと、「いや、政府が何とかしてくれますよ」と落ち着いていた。「政府が肩代わりしてくれるわけがない」と筆者が言い返すと、「ノンバンクには富裕層だけでなく、中小企業者や田舎のおばさんまでが投資している。それこそ一族郎党からカネを借りまくって投資している人も珍しくない。それを簡単に破綻させたら大騒ぎになるのは間違いないので、国内の混乱を世界に見せたくない習近平政権は必ず手を打つはずです」と言っていた。

しかし、破綻への道は避けられなかった。習近平は、ノンバンクを指導して破綻を防ぐのではなく、投資家の不満を強権によって抑え込むのに力を注いでいる。

ノンバンク大手である中植企業集団が、二〇二四年一月に破産申請を行い、北京市第一中級人民法院に受理された。債務超過額は二二〇〇億〜二六〇〇億元にも達すると考えられている。ピーク時の運用資産が一四〇〇億ドルを超えたという巨大企業だったが、不動産バブル崩壊の煽りをくって破綻したのだ。中国史上最大の破綻劇のひとつと言われている。

その危機は早くから噂されており、SNSには投資家のグループが出来て、最初は「投資額の七割くらいは戻ってくるのではないか」と言われていたが、それが三割になり一割になっていった。結局は、一元も戻ってこない事態となった。

警察に駆け込んだ投資家も少なくない。各地の公安警察の経済部門が担当しているが、投資家の身元を聴取したうえで、「抗議活動を起こさないように」とクギを刺されたという。すでに金融監督庁が調査していて、ノンバンクの幹部が実態のない運用をした不正行為を摑んでいて、関係者は逮捕されているという情報も飛び交っている。そういう話が金融監督庁から漏れてくる。そこから、「七割は戻ってくる」という噂にもなっていた。しかし現実には、ビタ一元も戻ってきていない。

二〇二三年の八月には、北京にある中植企業集団の本社に投資家が押しかけて抗議行動が始まった。ところが、まだ北京に向かう前の投資家一人ひとりの自宅に公安警察が深夜、早朝を問わずやってきて、「抗議行動を考えているらしいが、北京に行くのはやめたほうがいいですよ」と圧力をかけた。北京在住の人が高速道路で中植企業集団の本社に向かっていたらスマホに電話がかかってきて、「公安警察です。いまどこを走っていますか？戻ったほうがいいですよ」と言われたとの話もあった。中国は監視社会である。投資家の動きは完全に監視されており、中植企業集団への抗議行動は散発的で小規模にとどまった。

中国のテレビ、新聞はとりあげない。投資家救済にはいっさい動かないけれど、抗議行動は絶対に許さない。習政権は自身への批判を極端に恐れ、情報を封殺するのだ。

不動産バブル崩壊でも住宅価格が下がらない不思議

全国に夥《おびただ》しい数の空き家が出てくれば、住宅価格の相場が暴落するのが西側諸国では常識である。

ところが中国ではパニックになっているといった情報が伝わってこない。「冷静」な対応がとられているように見える。

中国で住宅相場が下がりつづけても、暴落に至らない理由は、空き家のまま放置するからだ。売ろうとすれば値がつくが、住宅が余っている状況では売値を下げるしかない。かなりの空き家があるなかで売ろうとすれば、相当下げなければ売れない。売るために競って下げれば、暴落になる。暴落にならないのは、所有者ができる限り持ちつづけるからである。

知り合いの上海市民は「不動産屋に相談したら『一割や二割下げても売れない、四割まで下げないと売れない』と言われた」と言う。だから、彼は売らないでいる。空き家になっている物件を所有している人たちの大半が、彼と同じ判断をしている。四割下げた値段で売らないから、当面暴落は起きない。

しかし売らなければ、投資も回収できない。日本人の感覚であれば、銀行から融資を受けて買っているので返済と利子の支払いをまるごと抱えることになり大変なことになる、と思いがちだ。

空き家を抱えているのは、中間層以上の富裕層である。投資のために不動産を買っている。中国の富裕層は、日本人が考える富裕のレベルとは桁違いだ。マンションの数戸を抱えていて売れなくても、ビクともしない。だから四割も下げてまで売り急ごうとはしないで、売値が回復するのを気長に待っているわけだ。投げ売りが起きても不思議ではない状況にもかかわらず、じわじわと下落する状態にとどまる。

その富裕層も、さすがに中国経済の行く末を楽観視していない。購入してしまった不動産はそのままにしても、新たに買い増す意欲はないようだ。目先の利く富裕層は、さっさと海外での投資に切り替えている。

二〇二四年春にフルオープンした麻布台ヒルズなど東京都心の高級タワーマンションや北海道の土地が中国人に買われていることが話題になっているが、その動きはますます活発化している。購入する際に中国人が表に出るのではなく、ダミーを使っているケースも多いようなので、中国人が買っている実態は報じられている以上と考えるべきかもしれない。

中国経済の低迷は、不動産だけではない。株式市場にも大きな変化をもたらしている。中国の株式市場に流れ込んで株価を押し上げていた資金が、引き揚げを始めているのだ。

その資金が日本の株式市場に流れ込んでいる。二〇二三年の一月から日経平均株価も上がりはじめ、三月には三万円を突破した。二〇二四年二月二二日には、一九八九年の大納会でつけた史上最高値の三万八九一五円を更新して、四万円を突破している。終値も四万八八八円だった。実体経済はさほど良くないはずなのに、株価だけが異常に高値になっているのが日本の状況である。

これは中国資本だけでなく、中国の株式など金融市場に向かっていた国際的な投資資金が日本に流れ込んでいるからである。

この現象が始まる直前に、米国ウォール街で機関投資家のコンサルタントが、筆者を訪ねてきた。そして「これから中国株を全部売って日本株を買うつもりだけど、日本経済の今後はどうなるのか教えてくれ」と言うから、「これから良くなるはずだよ」と答えておいた。その後、日本株は好調に推移していく。

日本の株価が上昇したのは、中国経済が失速し、そこに投入されていた資金が日本の株式市場に流れ込んできたからである。日本の株高は中国経済低迷のおかげなのだ。

第二章

中国経済大発展の秘密

始まりは改革開放路線

毛沢東主義下の中国は貧しかった。国民は人民服を着て、一九五〇年代末には経済政策の大失敗で餓死者が続出する始末だった。そんななか、このままでは国力は衰退するばかりで国の存亡も危ぶまれると気づいたのが鄧小平である。

鄧小平が日本を訪れたのは、一九七八年一〇月のことだった。日中平和友好条約の批准書交換のためで、当時は副総理だったが、事実上の中国首脳としての訪日だった。そして翌年の一九七九年一月に米国との国交が正式に樹立されると、米国を訪問している。この日本と米国への訪問で鄧小平は、科学技術力と工業生産力における中国の立ち遅れを痛感したという。そして、経済成長のためには科学技術力と工業生産力の充実こそが肝要だということを悟った。

とはいえ、当時の中国には資本も人材も不足していた。急速な経済発展に必要な資本と人材を補うために鄧小平がとった施策が、「外資の導入」だった。それは、資本主義社会の西側諸国の資本を招き入れることであり、資本主義を受け入れることでもあるわけで、共産主義を謳《うた》っている毛沢東信奉者にしてみれば「あってはならない」ことだと言える。

しかし中国が貧困から抜け出るために、あえて、その道を鄧小平は選んだ。それは彼が語った、「白猫であれ黒猫であれ、鼠《ねずみ》を捕るのが良い猫である」という言い方に象徴されている。つまり、共産主義であれ資本主義であれ、中国という国家と国民を富ませる体制が良い体制だ、というわけだ。

外資を招き入れる改革開放路線を効率的に推し進めるために鄧小平は、「経済特区」の建設を急速に進めていく。共産主義の中国に資本主義を導入する「特別な地域」を設けたのだ。

典型的な特区が、香港に近い深圳《しんせん》の経済特区である。改革開放路線が始まる前の一九七五年か六年だったと思うが、取材で香港を訪問したときに香港側から深圳を見渡せる丘に行ったことがある。香港と中国の〝国境〟にあたる場所だ。

そこから深圳を眺めたら、一面の沼地だった。そこを経済特区にするために、鄧小平は人民解放軍を使って短期間で埋め立ててしまった。いまや、沼地だったところには高層ビルが建ち並び、工場が林立するようになり、改革開放路線で急成長した中国を象徴している。中国という国は、そういうことができてしまう国なのだ。

そこに西側の企業が進出して生産拠点を築き、たちまち中国を「世界の工場」にし、工業製品の輸出大国にしてしまった。言うまでもなく、そこに日本企業も大きく貢献していったわけだ。

改革開放路線で中国共産党は弱体化したか

改革開放路線の政治的プロセスは「放権譲利」と表現される。中央に集中していた経済活動の権限を、国有企業など各種経済単位や地方に移譲または丸投げし、さらに下部の単位に受け渡していくやり方である。権限を移譲されたところは、自らの判断で収益を高める努力をするので、一気に生産性は向上する。国全体が活気づくことになるのだが、反面、困ったことも起きる。

建設工事が中断したばかりの上海宝山《ほうさん》製鉄所を、一九八〇年一二月に筆者は見学した。ここは日本の新日本製鐵（現・日本製鉄）の支援を受けて建設が始まったが、外貨の資金繰りがつかなくなったことから中国政府がプラント輸入契約の中止を行ったため工事は途切れた。その後、日本の円借款追加を得て工事は再開され、一九八五年九月に一号高炉の火入れが行われた。現在でも、中国を代表する製鉄所である。

筆者が訪問したとき、上海宝山製鉄所の工事現場には、クレーンがところ狭しと林立していた。素人目から見ても、明らかに過剰な状態だった。聞けば、中国各地の地方政府が地元の建設工事企業を競って進出させたため、同じ工事区域に何社もが割り込むことになり、過剰な状態になってしまったというのだ。経済活動の権限を地方に移譲したために、地方は利益を得よう、大プロジェクトの経験を積ませようと、競って地元の企業を進出させたのだ。

改革開放路線が過熱していくと、放権譲利によって各地で同じようなことが起きていく。そのたびに改革開放路線の調整、引き締め、緩和が繰り返された。非効率なようだが、それを繰り返す熱気があったからこそ、中国経済の量的拡大が実現されたとも言える。

各種経済単位や地方に権限を移譲する放権譲利によって、北京、つまり中国共産党中央の支配システムが崩壊したかと言えば、まるで逆である。自主裁量権を拡大した国営企業や地方も中国共産党の支配下にあることは変わりなく、それらが経済力をつけることによって、中国共産党の支配力、とくに経済における力は拡大することになったからだ。

中国の企業内には共産党委員会が設置されている。これは、外資が入っている企業でも例外ではない。

その企業では、経営スタイルとして工場長→→党書記→→工会（労働組合）主席→→副工場長→→財務・技術等の責任者という流れと、序列関係として党書記→→工場長→→工会主席→→党事務局主任というふたつの流れがある。謂《い》わば、一企業二制度になっている。

ただし、人事権を掌握しているのは党書記と党委員会だけである。人事権を握るのが企業の最高権力者という日本での常識に従うならば、中国企業における最高責任者は党書記ということになる。その党書記は中国共産党に従う立場であることから、実質は中国共産党が支配していることになるのだ。外資が入っている企業も同じであり、地方の行政組織でも共産党が役職も実権も握っている。

放権譲利でも中国共産党の支配システムは崩れていない。放権譲利で企業や地方が経済力を強めていけば、それだけ中国共産党の力は大きくなり、支配力も強化されるということになる。企業や地方は、中国共産党が市場経済のもとで収益を上げていくための経済単位でしかないのだ。

経済特区の裏側

改革開放路線で、外資が大挙して中国に流れ込む。外資がカネと技術を持ってきて、それによって製造業が発展してサプライチェーンが拡大し、中国は「世界の工場」と呼ばれるまでになった。資本主義の国からやってきた企業でも中国経済発展に寄与すれば、鄧小平が言った「鼠を捕る猫」であり「良い猫」だったことになる。

深圳が経済特区に指定されたのは一九八〇年のことで、同時に同じ広東省の珠海《しゅかい》、汕頭《さんとう》、そして福建省の厦門《アモイ》も指定を受けている。しかしながら深圳は一九八二年でも人口一〇万人程度の農村でしかなかった。それが経済特区として外資が続々と進出するにつれて急速に発展し、二〇〇一年末には登録人口だけでも四六七万人に膨れ上がっている。実際には当時、すでに六〇〇万人を超えていたとも言われていた。さらに二〇一七年には、一五〇〇万人を突破している。

経済特区の指定から二〇年以上を経た深圳を訪ねたことがあるが、米国テキサス州の新興都市に踏み込んだような錯覚に陥ったものだ。碁盤の目のように整えられた市街地には高層ビルが林立し、環状線と高速道路網が市街を取り囲んでいた。特区としての二〇年間の平均実質経済成長率が三七パーセントという実態を、目の当たりにした思いだった。

春節（旧正月）には、深圳地区から中国各地に里帰りする労働者は数百万人にもなると聞いた。それほどの人が仕事を求めて深圳地区に集まり、働けるだけの求人があるということだ。これらの労働者は春節が終わると戻ってくるが、そこから一週間か一ヶ月遅れて、新たな人の波が深圳に押し寄せてくる。春節で帰郷した人たちに深圳の繁栄ぶりを聞いた若者、大半は少女たちが、仕事を求めてやってくるのだ。

内陸部の多くの求職者は汽車賃もないので、途方もない距離を歩いてやって来ていた。ポリバケツに当座の身のまわりの品を入れ、寝るためのゴザを抱えて、まさに列をなして特区ゲート前にたむろし、職の空きがあるかどうかを確かめようとする。彼女らは、「民《みん》工潮《こうちょう》」と呼ばれた。

簡単に経済特区に入ることはできない。経済特区に入るには、特区を隔てる第二国境と呼ばれるゲートをくぐる必要があるのだが、中国人が入るには「暫住証」という居住証明書が必要であり、チェックも厳しい。仕方なく、ゲート付近でうろうろして、特区内に入る機会をうかがうことになる。春節休暇後、深圳に戻らない農民工が多いから職にありつけるチャンスはある。

経済特区内に入れない地方からやってきた若者は、あきらめて、故郷に帰るわけにもいかない。農村戸籍を持っている若者が都会に出てくるには地元役場からの許可が必要で、それには、かなりのカネがかかる。元手がかかっているわけで、手ぶらで帰るわけにはいかない。

そうした若者は、経済特区の外にある特区立地企業の関連工場で働くことになる。外資を交えた旺盛な生産活動は特区内だけにおさまることができず、外にも拡大していたからだ。

しかし労働環境は、特区の内と外では天国と地獄ほどの開きがあった。特区内の大手完成品メーカーの多くが週休二日制で、工場の敷地も広くて環境が整っている。

これが特区の外になると、中層階の工場や従業員寮が隙間のないほどに立ち並び、そこで働く従業員を相手にするのか屋台の食堂が並んでいた。従業員寮といっても二〇平方メートルくらいのところに、ベニヤ板で作ったような二段ベッドが八つも並べられていた。エアコンなどないので、四月でも室温は四〇度、湿度は一〇〇パーセント近くになるという過酷な環境だ。そこで暮らしながら、彼女たちは仕事に追われる。

彼女たちが働く工場は、「来料加工」と呼ばれる委託加工工場である。特区内よりも、少ない設備投資で、安い労働力を活用することができる。深圳に進出した企業は何万社にものぼるが、その大半は特区外の来料加工の工場で部品、材料を調達し、特区内で整品を仕上げている。

プラザ合意後の円高で、日本国内生産の見切りをつけた日本企業は低コストと安い労働力を求めて、大挙して深圳に押しかけた。電子部品下請け企業は典型で、その多くが来料加工を利用した進出だった。そのおかげで生きのびた日本の中小企業も多い。

改革開放路線は中国に高度経済成長をもたらしたが、同時に、日本産業の空洞化に繋がったわけだ。

中国共産党の通貨戦略

中国の通貨は人民元だが、中国共産党は朝鮮戦争を機に米国との経済交流が止まった時代を含め、現在に至るまで人民元の対ドル・レートの安定に執着してきた。この人民元の謎を理解するためには、すこし長くなるが、中国通貨の前史を知る必要がある。

中国共産党の前に中国を支配していたのは、中国国民党だった。孫文が一九一九年一〇月一〇日に、中華革命党を改組して結党したのが中国国民党である。

一九二八年、北京軍閥政府打倒の軍事行動、いわゆる「北伐」を一段落させて中国国民党は、経済再建のため全国経済会議、財政会議を開いて政策を打ち出した。ところが翌年一〇月二四日にニューヨーク市場で起きた株の大暴落、「暗黒の木曜日」をきっかけに大恐慌が世界中を襲った。世界の金本位制の崩壊とともに、中国国民党が実施していた中国伝統の銀本位制も崩壊の危機にさらされる。銀が大量に米国に流出し、中国はデフレに見舞われたのだ。そして一九三五年、中国国民党政府は全国統一通貨「法幣《ほうへい》」の発行に踏み切り、法幣と銀の交換も禁じた。

法幣は紙幣で、中国近代史上で初めて紙幣による統一通貨制度のスタートとなった（中国では一一世紀、宋の時代に世界初の紙幣「交子」が発行されたことがある）。銀との交換は禁じられたものの、外貨との自由で無制限な兌換を保障した通貨でもあった。

ちなみに一九三五年に中国共産党は、中国国民党軍に追われての大移動「長征」を敢行中だった。追われながら中国共産党は「抗日救国」を全国民に呼びかける「八・一宣言」を発表し、長征とともに抗日の世論は中国全土に広がっていく。

話を法幣に戻すと、法幣を発行する通貨改革を後押ししたのは英米で、英国人財政専門家のリース・ロスが、中国国民党政府の顧問となって実現させた。満洲と地続きの華北を中国国民党の支配から切り離す北支分離作戦を展開していた当時の日本は、通貨統一改革で中国の統一感が加速するのを嫌い、リース・ロスに中国の通貨統一に協力を要請されるが、これを断っている。

法幣は精密な造りで、印刷は英国と米国が請け負った。英国製は孫文の横顔や北京の紫禁城外の天壇の図柄の真ん中に透かしを入れた三色刷で、絹糸が流し込まれていた。一方の米国製は、紙幣全体に薄く細かな水玉模様が散りばめられていた。

そして中国は、回収した銀で英ポンドや米ドルを購入した。その外貨を、通貨安定基金の原資としたのだ。

米英中による通貨体制が出来あがったため、日本もこれを無視するわけにはいかない状況となった。しかし一九三七年七月七日に北京郊外の盧溝橋《ろこうきょう》での一発の銃声をきっかけに、日中は全面戦争に突入する。

華北や上海を占領した日本軍は、法幣を排除して、独自通貨である「軍用手票」（軍票）を流した。しかし英米に支援を受けている法幣にはかなわず、法幣駆逐は挫折してしまうことになる。

日本軍は戦争を継続するためには中国本土で食料や資材を調達しなければならない。しかし軍票は通用せず、法幣も手元にない。そうなると軍事力による強制調達（＝略奪）しかなくなり、残虐さと過酷さを増していく作戦を展開することになる。

一方、中国共産党は、着実に自らが支配する「解放区（辺区《へんく》）」を拡大していく。そこで発行した通貨が「辺区券（辺幣《へんぺい》）」である。中国共産党は辺幣で日本系の通貨を回収し、日本系通貨の使用を禁じた。日本系通貨を駆逐して、解放区内の通貨を辺幣で統一していったのだ。それによって日本軍は、ますます食料や資材の調達が困難になっていく。

同時に中国共産党は、回収した日本系通貨で、日本軍が支配している地域から必要物資を調達していった。しかも日本軍が買い上げるより高い値段で買うものだから、当然ながら日本軍に売るより中国共産党に売る地域住民が増えた。支配地域でありながら、日本軍は物資購入に苦労することになる。さらに高値で買う中国共産党に人気が集まり、日本軍支配地域に住む中国共産党嫌いの富裕層を含め、シンパを増やしていくことにもなる。

中国共産党の優れた通貨戦略だったわけだ。その通貨戦争で勝てなかったことも、日本が中国大陸で苦戦を強いられ、ついには敗れていく、大きな要因のひとつだったとも言える。

人民元による通貨統合

一九四五年八月一五日、連合国によるポツダム宣言を受諾し、日本は全面降伏することとなった。中国大陸での戦争も、日本の敗北で終わる。

日本敗北後に中国大陸では、中国共産党と中国国民党による内戦が本格化していく。それも一九四七年の夏には、中国共産党の勝利がほぼ確実な情勢となった。そこから中国共産党は国内をまとめていくことに力を注ぐ。そこでの大きなテーマが通貨統一だった。

一九四七年一〇月、中国共産党中央は、華北に設置した財経事務所に「すみやかに発券銀行を統一せよ。統一銀行名は中国人民銀行とする」と指示する。そして発券銀行の統一が急速に進められ、一九四八年一二月一日には北京から南西約三〇〇キロメートル離れた石家荘《せっかそう》に、中国人民銀行が設立された。その設立宣言には、人民銀行券の呼称を「人民《じんみん》幣《へい》」とし、「人民幣をもって解放区の貨幣を統一し、同時に新中国の本位貨幣とする」と謳われている。人民銀行は人民解放軍と同じく共産党の機関として、一九四九年の中華人民共和国建国よりもかなり前に設立された。

中国の通貨は「人民元」と呼ばれることが多いが、それは人民幣の日本における呼称である。以後は、煩雑さを避けるため、日本人には馴染みのある人民元の呼称を使っていくことにしたい。

一九四九年一〇月一日、毛沢東中国共産党主席が北京の天安門広場で誇らしげに建国宣言を行い、中華人民共和国（中国）が成立した。人民銀行も北京に移り、全地方に支店網を展開している。

一九五五年二月に中国政府は、インフレによって金額の表示が大きくなる不便を解消するためのデノミネーション（デノミ。通貨の呼称単位の変更）と新人民元の発行に踏み切った。旧一万元を新一元とするもので、四月一日から五月一〇日の間に切り替えを終了した。

新紙幣のデザインは当時の周恩来首相が直接、丹念に原案に目を通し、具体的に指示して決まっていった。新紙幣シリーズの共通テーマは社会主義、共産党革命と人民の統一で、それは少数民族も含めた多様な民族が集合したひとつの中国でもあり、すべての紙幣には漢字と、チベット、モンゴル、ウイグルの各文字が併記された。

日本人にも馴染みのある人民元紙幣には、毛沢東の肖像が刷り込まれている。しかし最初のころの人民元紙幣に、毛沢東の肖像はない。すべての人民元紙幣の表が毛沢東の肖像になるのは、建国五〇周年となる一九九九年一〇月一日に登場した人民元紙幣第五版となる新シリーズからである。

一九七六年九月に毛沢東が没し、毛沢東主義で全土を席巻した文化大革命も一九七七年八月の党大会で、その終了が宣言された。そして一九七八年には鄧小平の指導する改革開放路線がスタートする。毛沢東主義が否定されたと言えるのが改革開放路線なのだが、その改革開放路線を経て中国経済が急成長したにもかかわらず、人民元の顔として毛沢東が復活したことになる。

じつは、毛沢東の人気は中国大衆の間で根強いものがある。黄土の崖を穿《うが》った貧しい農家の土間にも、北京の大衆食堂のくすんだ壁にも毛沢東の肖像画が掛けられているのを目にすることができる。毛沢東のお守りを首から提げているタクシー運転手に遭遇するのも珍しいことではない。貧富の差がとてつもなく広がった時代でも、毛沢東は大衆の味方であり、カリスマ的存在であった。人民元の顔に毛沢東が使われたのは、建国五〇周年を迎えた中国が、再び国内統一を必要としたからだろう。人民元札の毛沢東は、共産党独裁による中国再統一の意思表示でもある。

人民元は「ドル標準通貨」

人民元は新中国の統一通貨として機能しはじめて以来、ずっと米国ドルを基準にして今日に至っている。

一九四九年に建国された中国では、外国為替については地域ごとの相対取引をベースにしていた。人民銀行が統一レートを決めて統制する仕組みに一本化したのは、一九五〇年四月のことだった。その人民銀行は、人民元の為替相場を、米ドルを基準に決めた。

ところが翌月には朝鮮戦争が勃発し、中国は中国人民義勇軍を結成して米軍と対峙することになった。米国の敵になったことで中国の在米資産は凍結され、経済封鎖を受けることになる。一九五〇年には貿易総額の三五・九パーセントを占めていた西側との貿易額は、一九五二年には二・三三パーセントへ大きく落ち込んだ。

さらに米ドル建ての資産は米国政府に接収される懸念があったため、米ドル建てでの決済は避ける必要があった。そこで中国は、米ドル基準ではなく、英ポンド基準に転じる。これが、一九七二年二月二一日にリチャード・ニクソン米大統領が中国を電撃的に訪問して対立から和解へと転換する、いわゆる「ニクソン・ショック」まで続くことになる。

しかし表向きは英ポンド基軸でも、裏帳簿では米ドル基準にしていた。一九六七年一一月に英ポンド危機が起き、英国は対ドル・レートを引き下げた。英ポンド基準にしている中国も引き下げるのが当然だったのだが、中国は引き下げを行わず、対ドル・レートを堅持したままだった。ポンド基軸を装いながら、実質はドル基軸だった証拠である。

一九七一年八月にドルと金の交換を停止すると発表した、もうひとつのニクソン・ショック以後の一九七三年三月に、日米欧は変動相場制に移行する。日本は一ドル＝三六〇円という輸出には圧倒的有利な円安レートを失った。

こうした西側世界の動きに中国も即応し、一九七二年から採用したのが「バスケット制」だった。主要国通貨のうち中国との貿易の比重が高い日米欧の一〇ヶ国にマレーシア・リンギット、シンガポール・ドルを加えた合計一二ヶ国の通貨を、貿易額によって加重平均し、前日の国際為替市場での相場をもとに、人民元の対ドル相場を算出するのがバスケット制である。

一九九四年には「公定レート」と「市場調整レート」の二重為替レート制だった人民元レートを「市場調整レート」に一本化するとともに、一ドル＝五・八人民元から八・七人民元へと切り下げ、「管理変動相場制」に移行した。対ドルの基準レートを中心に上下〇・三パーセントの変動幅に管理する。さらに、一九九七年の香港返還とアジア通貨危機を機に、一ドル＝八・二七人民元台に固定する「ドル・ペッグ制」をとっている（以上は拙著『人民元・ドル・円』〔岩波新書〕から）。ペッグはキャンプでテントを張るときに地面に固定するのに用いる杭の意味で、「ドルに固定する」という意味になる。ただし中国通貨当局はペッグ制だとは言わずに、管理変動相場制と称している。

このドル・ペッグ制については、二〇〇三年から二〇〇四年にかけて、変更を求める声が世界中から挙がった。不当に安い人民元レートによって輸出するために、中国製品が世界にデフレ圧力をまきちらかしていたからだ。裏を返せば、ドル・ペッグ制をとっていたことで安い人民元レートを実現し、輸出を増やすことができたのだ。中国の急激な経済成長は、人民元の対ドル安を固定するドル・ペッグ制によって支えられてきたことになる。

米ドル依存から抜けられない中国

中国は米ドルに依存して驚くべき経済成長を実現してきた。その米ドル依存は、いまも変わってはいない。

というのも、中国人民銀行による人民元の発行は、米ドルを中心とする外貨準備高を裏付けに行われているからだ。

日米欧では景気対策での財政出動とは、政府が発行する国債を中央銀行が買い取ることで資金供給が行われて実現されている。ところが、中国金融は西側とはまったく違う。二〇二四年五月時点の人民銀行の資産構成比率を見ると、外貨資産が全資産の五五パーセントを占めている。国債など政府向け資産はわずか三・五パーセントにすぎない。政府向けはすべてが中央政府であり、地方はゼロである。

外貨資産比率は二〇一〇年から二〇一五年までは八割を超えていた。二〇一六年以降は徐々に下がっているが、外貨は依然として最大の資産項目である。増えているのは市中銀行など貯蓄金融機関向けで、二〇二四年五月は三七パーセントに達する。人民銀行は人民元資金を発行して、外貨を市中銀行などから買い上げる。市中銀行にはさらにほかの債権を買い上げては、資金を供給していることになる。

人民銀行の人民元発行残高に対する外貨資産の割合は約六割で、ほぼ全資産に占める外貨資産比率に等しい。つまり、人民銀行は政府財政とはほとんど無関係に資金供給している。外貨資産の大半はドルであり、そのほかにはユーロ、日本円があるが、いずれもドルと自由に交換できるハードカレンシーである。人民元は中国国債ではなく、ドル資産を担保にして価値を維持していることになる。

これは、先述した国共内戦時の国民党・蔣介石政権の通貨政策の失敗を教訓にしている。国民党時代の中央銀行は政府の金庫と化した。蔣政権は中央銀行に国債を買い取らせ、野放図に財政を拡張し、悪性インフレを引き起こした。これが中国の民心を離反させ、共産党の勝利へと導いた。共産党政権はその二の舞いを恐れているようだ。

財政赤字を埋め合わせるための国債を人民銀行が買い上げ、資金をばらまけば、人民元は信用を失い、資本逃避ラッシュが起き、人民元は暴落するだろう。そのときは、共産党独裁政権の崩壊へと突き進みかねない。

一九八九年六月に起きた天安門事件は、米ドルの裏付けのない人民元の増発が行われたために高インフレが発生し、市民の不満が高まったことが最大の背景である。

同じ事態を招かずに人民元の発行量を増やしていくためには、人民元の信用を保持することが必要になる。それには人民元の信用の背景となっている米ドルを中心とした外貨準備高を増やす必要がある。人民元を発行する中国人民銀行がいつでも一ドル＝八・二七人民元台のレートでドルに交換するという信用を維持することが、どうしても中国には必要だった。

実際、一九八九年六月の天安門事件以降、中国人民銀行は人民元発行高に対する外貨資産比率の上昇に努めてきた。ピーク時には、その比率は一二〇パーセントにも達していた。同比率は一九八六年には八パーセントにすぎなかった。

それが、いまやどんどん減り、六〇パーセントほどになっている。習政権としては、これ以上は減らしたくないというのが本音であるはずだ。

さらにもうひとつ、中国が米ドルを必要とする事情がある。人民元の為替レートは、前日の終値を基準にして上下二パーセントの幅で収まるようにコントロールされている。為替レートが際限なく上下するのは、外国の対中投資に依存し、輸出を中心にしている中国経済にとって望ましいことではない。

だから中国の為替当局が売り買いすることによる介入を行って、為替レートを安定させている。人民元を買うオペレーションの場合には、そこで支払うための外貨が必要になってくる。ここでも中心になるのは、米ドルである。

外貨準備が減りつづけるようだと、介入するための原資が乏しくなる。そのため中国としては、これ以上は減らしたくない。

中国の外貨獲得は、まずは経常収支の黒字によるところが大きい。モノやサービスの貿易収支の黒字のことで、年間で四〇〇〇億ドルほどだ。そこに、外からの投融資（直接投資と証券投資）が加わる。しかし、不動産バブル崩壊とともに直接投資と証券投資の部分が大幅に減少してしまっているのが現状だ。それだけ、外貨不足の不安が生じる。

一時期、中国による西側企業の買収が盛んだった。それも、急速に鳴りを潜めている。米国ではドナルド・トランプ大統領の時代に、中国による企業買収に圧力をかけたことが影響している。二〇二〇年三月にトランプは、一九五〇年国防生産法等に基づいて、中国ＩＴ企業「北京中長石基信息技術」に対し、同社が買収していた米ＩＴ企業「ステインタッチ」を売却するよう命じる大統領令を発表している。こうした米政府の圧力で、中国は米国での企業買収に慎重になった。

日本では、ＮＥＣや富士通のＰＣ部門などが買収され、レノボ傘下になっている。東芝の家電部門なども買収されてきている。それ以前にも山水電気のオーディオ機器製造、ラオックスの家電量販店、レナウンのアパレルなど、数多くの有名企業の部門が中国に買われている。

企業だけでなく、中国は日本で不動産買収も活発に行ってきた。なかでも北海道での買い漁りは強烈で、原野だけでなく札幌市の中心街でも中国人が「爆買い」しているとも言われている。

こうした中国企業による買収を可能にしていたのは、豊富な外貨準備高があったからである。米ドルに裏付けされていない人民元では、外国企業を買収することなどできはしない。

中国による爆買いが弱まってきているのは、外貨準備の増加が止まっていることが大きな理由のひとつである。ただし、外国の企業や資産の買収を諦めたわけではない。習政権は人民元と相手国通貨のスワップ協定（自国の通貨危機が起きた際、自国通貨の預け入れと引き換えに、協定を結んだ相手国の通貨を予《あらかじ》め定めたレートで融通してもらえる協定）を結び、現地通貨を使って投資する手法や、現地資本をダミーに使って資産を買い上げる動きを活発化している。スワップ協定を結べば、人民銀行は相手国に人民元を渡す代わりに、必要な現地通貨を確保できる。

*日中間のスワップ協定は二〇一八年一〇月に締結され、三年間だった期限が二〇二四年一〇月まで延期されている。それによると、日銀は中国の銀行に三兆～四兆円の円資金を供給できる。

第三章

米大統領選と中国の行方

トランプは対中強硬路線を貫くか？

米大統領選が二〇二四年一一月五日に実施される。ここで第四七代米大統領が決まる。誰が米大統領に選ばれるのか、それは中国の今後にも大きな影響を与えることになる。

大統領選は、二〇二四年七月下旬時点では民主党の現職ジョー・バイデンが降りて、副大統領のカマラ・ハリスと共和党のドナルド・トランプの一騎打ちになりそうだ。しかし、ハリスでは勝ち目はなく、国民の人気の高いミシェル・オバマ（オバマ元大統領夫人）を担ぎだす動きもある。

トランプは第四五代米大統領の時代（二〇一七年一月～二〇二一年一月）に、前述したように、中国による米国企業の買収に圧力をかけるなど、対中強硬姿勢をとったことで知られている。選挙戦のときから、中国への関税を強化するといった発言をするなど、あからさまな対中強硬姿勢をとっていた。

トランプ政権前までの米国は、中国に対して非常に甘い接し方しかしてこなかった。それは民主党政権でも共和党政権でも同じだった。その米国の対中姿勢が、トランプでガラリと変わったことになる。

米大統領としてトランプは、対中強硬策を繰り出した。二〇一八年七月には、産業機械など三四〇億ドル相当の中国製品に二五パーセントの関税を上乗せする策を実行した。これに対して中国も黙っていない。大豆や自動車といった米国製品に、やはり二五パーセントの関税上乗せを行った。

さらに同年八月に米国は中国製半導体にも二五パーセントの関税を上乗せした。対して中国は、古紙などに二五パーセントの関税上乗せを行った。両者が競って関税を引き上げて、相手国の貿易量を減らすことを狙った「貿易戦争」に突入した。

事態はエスカレートしていき、九月に米国が家具・家電などに一〇パーセントの関税上乗せを実施すると、中国は液化天然ガス（LNG）などに五～一〇パーセントの上乗せを行った。二〇一九年になっても、九月に米国が衣料品などに一五パーセントを上乗せすると、中国も原油などに五～一〇パーセントを上乗せした。この間に、米国と中国の間では交渉が繰り返されている。

さらに制裁と報復の応酬が続くかと思われていたが、二〇一九年一二月になって、米国は九月に発動した上乗せ分を一五パーセントから七・五パーセントに引き下げた。これを見て中国も矛をおさめることになる。ようやく、貿易戦争は停戦となったのだ。

両者の関係が改善したわけではない。中国への関税強化で中国製品が入ってこなくなったり、価格が高くなったりすると、それを買っている米国の消費者は打撃を受ける。中国との関税戦争がエスカレートして、ますます中国製品が入ってこなくなると、消費者の当惑が広がるかもしれない。

同様に中国も、米国からの物資が滞ったり、行きすぎた価格高騰になったりすれば、中国経済そのものに痛手を被ることになる。それは、中国国民の反米感情を刺激するかもしれない。

しかし、米国では消費者の反乱は起きないし、中国で反米デモが北京の米国大使館に押し寄せることもない。

米国では、議会の多数が党派を超えて中国に対する強硬策を支持している。中国からの輸入がどうなるかを心配するよりも、中国の軍事的脅威を警戒し、人権違反に反発する世論が圧倒的に強いからだ。

それに、中国製品の輸入価格が高くなっても、ほかのアジア諸国やメキシコなど中南米からも安い製品が入ってくる。中国で生産している企業は、中国系を含め、ベトナム、タイなどに生産拠点を一部移したり、輸出ルートを迂回させて対米輸出し、高関税を逃れている。また、二〇二二年以降のエネルギー価格高騰に伴うインフレで、中国製品の値上がりは目立たなくなっている。しかもドル高、人民元安で、関税による割高分の一部は相殺される。だから、政治家は消費者の反発を恐れずに、中国批判を安心して展開できるのだ。

したがって、中国問題は米国では安全保障、自由・人権の観点から取り上げられる。つまり、政治の格好のテーマである。だから、トランプ、バイデン両陣営とも通商での対中強硬策を競うことになる。

ただし、経済問題である金融はかなり趣が異なる。基軸通貨ドルの米国は、ニューヨークのウォール街が国際金融市場のセンターになっている。中国経済は金融のグローバリゼーションに深く組み込まれている。しかも、中国の四大国有商業銀行（中国工商銀行、中国建設銀行、中国銀行、中国農業銀行）は資産規模で世界ランキングの一位から四位までを独占しており、米銀との金融取引規模は大きい。それにウォール街金融資本は大手銀行も投資ファンドも中国市場に深くかかわっている。

もし、中国に金融危機が発生すれば、あるいは中国の大手銀行が信用危機に見舞われると、ニューヨーク市場に波及しかねない。それをもっとも懸念しているのが米連邦準備制度理事会（ＦＲＢ）とワシントン米財務省である。通商面で米中関係が緊張しても、金融面では米側は中国への強硬策をとることに慎重だ。

他方、中国側は明らかに米国のこうした二面性を見抜いており、貿易では対抗措置をとっても、金融面ではウォール街に絶えず秋波を送る。米金融機関に対しては、中国市場でのビジネスに優遇策をとり、すぐに一〇〇パーセント出資の現地法人設立を認めてみせる。習近平党総書記・国家主席の番頭格の李強首相が真っ先に会う海外のビジネスマンはウォール街を代表するＪＰモルガン・チェース銀行や投資ファンド最大手のブラックロックのトップである。

経営危機に陥った中国の不動産大手や信用危機に陥ったノンバンク大手は、米国の大手会計事務所や格付け機関に財務内容の精査を依頼し、投資家を安心させようとする。

習近平政権はいたずらに、反米ナショナリズムを煽ることはない。仮に、反米暴動などが起きて、米中関係が断絶状態になれば、中国の金融市場は大揺れに揺れ、危機に発展しかねない。それは前述の通り、米国にとっても得策ではない。したがって、米中はこれまでのところ、お互いに対立がエスカレートしないように自制している面が否めない。

トランプとバイデン、両者の間では対中通商強硬策で程度の差は別としても基調に決定的な差はない。しかし、金融問題ではトランプ側は対中強硬策を辞さない構えをとっている。バイデン現政権は、ウォール街の影響力がトランプ前政権よりもはるかに強く、中国の金融機関に対するドル取引禁止を含む議会の法案には大統領拒否権を発動すると議会側に通告してきた。二〇二〇年、香港自治権を剝奪した習政権に対応して、当時、大統領だったトランプは、対中金融制裁発動ができる大統領令に署名したが、バイデン大統領はそれを棚上げにした。

トランプがホワイトハウスの主に復帰するようなことになれば、対中金融強硬策をとるかどうかが再び焦点になりそうだ。固《もと》よりトランプ流はディール（取引）であり、その強硬策も相手から譲歩を引き出すための手段に使うわけで、いざ実行となると別の判断になる公算が高い。

習政権はそれを心得たうえで、懐柔策を考えるだろう。前述の通り、中国発金融危機が起きることは米国、中国とも避けたいのだ。金融制裁は、謂《い》わばどちらが臆病かを試す米中のチキンレースである。

台湾問題はもっともデリケートである。「ひとつの中国」を主張し、台湾併合に執念を燃やす習政権は、これだけはどうしても譲らず、米国との軍事衝突も辞さない構えだ。

米側はそれを心得ているので、歴代の政権は民主、共和党を問わず、台湾の独立に反対する姿勢で一貫してきた。トランプは二〇一六年秋の大統領選勝利のあと、当時の蔡英文台湾総統と真っ先に電話会談したが、以降は台湾独立に肩入れする言動は見送っている。トランプ復帰でも台湾独立は支持しないが、台湾防衛のための軍事支援は続けるという歴代の政権の「曖昧戦略」を廃棄するとは考えにくい。ただし、金融と同じく、トランプのほうが、対中姿勢はより強いものになるだろう。

トランプの中国攻撃は取引の手段

トランプが中国に対して示した対中通商の強硬姿勢は、関税面だけではなかった。トランプが中国の通信機器大手メーカー「ファーウェイ（ＨＵＡＷＥＩ）」を、政府調達から排除したのは二〇二〇年のことだった。米国防省、連邦調達庁、航空宇宙局がファーウェイの製品を利用している企業と契約することを禁止したのだ。

さらにファーウェイへ米国から輸出されていた高性能半導体の供給を断つ輸出規制も行っている。米国はファーウェイを「中国軍によって所有または管理されている」と見ており、米国製高性能半導体の供給は、中国軍の軍事力強化に繋がるとの判断からだ。

これで終わらなかった。ファーウェイなど三〇を超える中国企業に、株式や投資信託などを通じて米国人が投資することを禁じる大統領令にトランプが署名したのは、二〇二〇年一一月一三日のことだった。その際、オブライエン大統領補佐官（当時、国家安全保障担当）は、「米投資家が知らないうちに、中国の人民解放軍や情報機関の能力を高めるための資金を提供してしまうのを防ぐ措置だ」と説明している。

二〇二〇年六月には、新疆《しんきょう》ウイグル自治区で中国当局がウイグル族弾圧に関与しているとして、当局関係者への制裁を米政権に義務づける「ウイグル人権法案」に署名した。新疆ウイグル自治区で中国は一〇〇万人以上のイスラム教徒を強制収容所に収容して弾圧しているとして、早くから米国内では抗議する声が挙がっていた。そうした米国内の声に、トランプが応えたように見えるが、トランプ自身は「貿易取引の真っ最中だ」として、中国共産党幹部に対する追加制裁を躊躇《ためら》っていたと、当時のボルトン大統領補佐官が回想録で暴露している。

このウイグル人権法によって、ウイグル族やほかのイスラム教少数民族への弾圧の責任が認められた中国当局者の査証は無効とされた。ウイグル族の人権を侵害して生産された中国からの品物の輸入も、同法によって禁じられることになる。

これに中国は反発する。中国外務省は、「米国に対し、誤りを直ちに是正するとともに、同法を使って中国の利益を損ね内政干渉をするのをやめるよう強く求める」という声明を発表した。

香港で反政府（反中国）的な動きを取り締まる「香港国家安全維持法（国安法）」が施行されたのは、二〇二〇年六月のことだった。習政権は一九九七年七月の英国による香港返還以来曲がりなりにも続いてきた「一国二制度」の約束を事実上反古《ほご》にし、香港の自治と自由を奪い、北京の直轄支配とした。

トランプは二〇二〇年七月一四日、議会超党派が可決、提出した「香港自治法」に署名、発効させた。同法は、米大統領が大統領権限によって、香港の自治侵害や自由弾圧に加担する金融機関、政治家などに資産凍結や米国金融機関からの融資停止などの金融制裁を科すことができるようになっている。トランプはその前年、二〇一九年一一月、「香港人権・民主主義法」を成立させ、状況次第で香港ドルと米ドルの交換を禁止できる条項を関連法に盛り込んでいる。トランプ前政権は実質ドル本位の中国経済の決定的な弱点を念頭に置き、対中金融制裁発動を辞さない構えだった。先述したように、ディールを好むトランプ流のことだから、実際に発動するかどうかは別としても、金融制裁のポーズだけでも習政権を震撼させるのに十分だ。

ところがバイデン政権は前政権の対中金融制裁路線を凍結した。対中投資で荒稼ぎする米金融資本出身者がホワイトハウスや財務省の要職を占めるバイデン政権は動かない。中国国有四大商業銀行が持つドル資金は一兆数千億ドルに上るので、その大手銀行に対する制裁の衝撃は巨大だ。米金融資本が深く香港・中国本土の金融市場に取り込まれている現実が、ホワイトハウスの身動きを制約している。ドル金融への依存度が大きい中国に対する金融制裁の威力は大量破壊兵器級なのだが、これまでのところは〝抜かずの伝家の宝刀〟のようである。

バイデン政権の軟弱さにつけ入る習政権

二〇二〇年にトランプ政権からバイデン政権に代わると、習政権はバイデンの対中融和姿勢を見透かし、さっそく香港立法会の選挙制度を変え、香港の自治と民主化の道を完全に破壊し、閉ざした。

それればかりではない。習政権がその間、香港市民抑圧と同時並行で用意周到に展開してきたのが香港株式市場の中国化である。

習政権は国際金融市場である香港経由で世界の余剰資金が本土に流入するシステムをつ

くりあげ、香港を共産党中央の完全指令下に置いた。そして、香港を本土の金融センター上海や深圳《しんせん》と一体化させ、なおかつ香港の政治的離反を防ぎ、意のままに操れるようにしてしまえば、覇権国米国の武器である米ドルを我が武器に取り込める。

この布石はかなり前から打ってきた。本土企業を香港株式市場に新規上場（ＩＰＯ）させ、香港市場の中国化を図ってきた。香港市民の民主化要求運動が盛り上がってきた二〇一九年六月、香港市場上場の本土企業の株式時価総額と売買シェアはそれぞれ六八パーセント、七八パーセントとすでに高水準だったが、国安法施行の二〇二〇年七月には七九パーセント、八七パーセントまで高まった。以降、最近までこの水準を維持している。

同時に上海、深圳の株式市場への中国企業のＩＰＯをどんどん増やし、資金調達する。香港と上海の市場間では「ストックコネクト」という相互株式投資制度が二〇一四年一一月に開通し、香港と深圳も二〇一六年一二月に始まった。このルートでは外国の投資家が香港市場で上海や深圳の株式を売買できるし、中国の投資家は上海、深圳市場から香港株を取引できる。

香港、上海、深圳に本土の成長企業を上場させると、香港を拠点にする日米欧の金融資本が香港ばかりでなく上海、深圳に株式投資する。こうしてニューヨーク市場やナスダックなどの米国市場に上場しなくても、香港、上海、そして深圳の市場で容易に巨額のドルを調達できる仕組みが出来上がった。

二〇二二年、二〇二三年と、香港、上海、深圳のＩＰＯによる資本調達規模が日欧は固より、世界の株式ＩＰＯの総本山であるはずのニューヨークやナスダックをも上まわる規模になった。中国本土の企業は香港でのＩＰＯで外貨を調達し、投資家は人民元で香港株を買い、売買益をドルで手にする。

まさに壮大な規模の錬金術なのだが、その土台で、起点であり終点でもあるのが香港市場である。繰り返す。香港ドルは米ドルと自由に交換できる。人民元も香港ドルを介して米ドルに換えられる。

ただ、このからくりを粉砕してしまいかねないのは、香港ドルと米ドルの交換を米国が禁じる、あるいは中国の国有商業銀行との取引禁止、米銀による融資の禁止、外貨取引の禁止、貿易決済の禁止、米国内の資産凍結、米国からの投融資の制限などだ。米国の最大の対中武器は基軸通貨ドルだが、前述の通りバイデンにはそれを活用する気がない。

そもそも民主党は、中国に対しては弱腰だったと言っていい。南シナ海の南沙諸島（スプラトリー諸島）の海域に存在する暗礁を埋め立てて人工島を建設していることが国際的に問題になったのは二〇一四年のことだったが、このとき米大統領だったのは民主党のバラク・オバマだった。この問題に対して、オバマはへっぴり腰でしかなかった。
オバマの前の共和党ブッシュ（子）政権も中国に対しては融和路線だった。

人民元のドル・ペッグ容認のブッシュ（子）政権

二〇〇一年一月発足のブッシュ政権は当初、対中強硬姿勢をとった。ブッシュは四月一日に米軍偵察機が中国軍機と接触し不時着した「海南島事件」が起きたとき、江沢民党総書記・国家主席が解決策を話し合おうとして、ホットラインで電話をかけてきても「受話器をとるな」と側近に命じたほどだった。筆者はこの秘話を米国務省元高官から聞いたが、元高官は対中融和論者で、ブッシュの対応を批判していた。

ところが、局面を大きく変えたのが、同年九月一一日、国際テロ集団、アルカイダによる米国同時多発テロである。ブッシュ政権はアルカイダの拠点であるアフガニスタンへの攻撃など、対テロ戦争のためには中国の協力が欠かせないと判断し、一挙に対中協調へと舵を切った。

ブッシュ政権は難色を示していた中国の世界貿易機関（ＷＴＯ）への加盟に同意し、同年末に中国は加盟できた。その後、中国には外資の投資と、海外への輸出が急増し、高度成長軌道に乗った。

ブッシュ政権は当初、その前のクリントン民主党政権の主要閣僚がウォール街出身者で占められていたのと違い、ウォール街と距離を置いていた。最初の財務長官には、アルミニウム大手のアルコア社首脳だったオニールが就き、「ウォールストリートからメインストリート」に代わったと話題になった。メインストリートとは、米国経済を支える非金融の産業界のことである。

オニール財務長官は、二〇〇一年九月一一日、「同時多発テロ」勃発の前夜に訪中し、人民大会堂で江沢民国家主席、項懐誠財政相と会談していた。その席で項財政相は「人民元はいずれ変動が許されるようになるでしょうが、ちょっとだけ、大幅になりすぎないほどに」と言った。オニール長官は内心、「しょせん中国はまだ統制経済だ。市場資本主義の力に任せると中国は分裂してしまう」と理解した（以上は、オニール長官の回想記〝The Price of ROYALTY〟から。日本語版は『忠誠の代償』〔ロン・サスキンド著　武井楊一訳　日本経済新聞出版〕）。

中国の対ドル・ペッグ制の廃棄と、変動相場制への移行については、オニール自体、求めなかった。オニールは「経済崩壊」との中国側の懸念に理解を示し、漸進的な人民元制度改革に同意した。米産業界には人民元安を警戒する声が多く、オニールらブッシュ政権の対中政策に影響していたが、それでも中国経済の安定的な発展を期待していたわけである。

二〇〇五年七月には北京は人民元小幅切り上げと小刻みな管理変動に踏み切った。党中央は前年末に切り上げを決め、二〇〇五年二月の旧正月明け実施を予定していたのだが、ワシントンの切り上げ要求が高まっている間は実行を見合わせた——あくまでも北京の自主判断によるもので、米国の圧力に屈したわけではないという建前による。

そのブッシュ政権も二期目の二〇〇六年、財務長官にはゴールドマン・サックス首脳だったポールソンが就任した。親中一色の米金融資本の代表である。ポールソンは対中金融協調に努め、米金融資本の対中進出を促進し、同時に中国系国家投資ファンドの米金融資本への出資を歓迎していた。

二〇〇八年九月一五日にリーマン・ショックが勃発。ポールソン財務長官の回想録によれば、経営破綻の危機に陥った金融大手モルガン・スタンレーを救済するため、ポールソン長官は九月二〇日土曜日の夜（米国時間）に王岐山・中国副首相に電話をかけた。すでにモルガンに五〇億ドルを出資していた中国投資有限責任公司（ＣＩＣ）の追加出資を打診したが、ＣＩＣはモルガンへの出資ですでに多額の含み損を抱えていたために、王岐山は渋った。

ＣＩＣは王岐山肝いりの国家投資ファンドで、中国の外貨準備の一部をウォール街の投資会社ブラックストーンに運用委託し、その助言でモルガンにも出資してきた。「脈がある」と見れば、ブッシュ大統領と胡錦濤国家主席との電話会談をセットするつもりだったと言うが、「この種の接触には慎重を期さなくてはならなかった。米国大統領が中国国家主席に米企業への出資をじかに要請している、という印象を生むわけにはいかない」（『ポールソン回想録（英語版）』から）。

結局、長官は中川昭一財務相（当時）と話し合い、三菱ＵＦＪ銀行が九〇億ドルの出資に応じ、出資比率二〇パーセントの筆頭株主になることでモルガンは救済された。大統領が北京に頭を下げる前代未聞の屈辱的事態は回避された。

対中ダブルスタンダードの米議会民主党

中国に軟弱なバイデンと米議会民主党も同じかというと、必ずしもそうではない。米国史上初の女性で、かつイタリア系米国人で下院議長となった民主党のナンシー・ペロシは、二〇二二年八月二日に台湾を訪問している。ペロシは台湾の蔡英文総統と会談し、「米国の上下院はいずれも超党派で台湾を支持している」と伝えた。

中国は長年にわたって台湾の併合を主張しており、台湾の独立を支持している米国とは、この件で対立してきた。それだけに下院議長であるペロシの訪問と発言は中国を刺激し、激怒させた。

ペロシが台湾に到着した二日深夜には、台湾を取り囲むように六ヶ所の海域と空域で、実弾での射撃も伴う「重要軍事演習」を行うと発表した。そして中国外務省は、ニコラス・バーンズ駐中国大使を夜中に呼びつける異例の対応で、「ペロシ議長は意図的に挑発を行い、台湾海峡の平和と安定を破壊した」と厳しく非難した。中国としては精一杯の抗議を行ったことになる。

二〇二三年五月二四日には、米国議会上院トップで民主党のチャック・シューマー院内総務が、中国政府が国内の重要な情報インフラ運営者に米国半導体大手マイクロンの調達停止を指示したことに、「米国に経済的威圧を与える問題ある行為だ」と非難した。

ペロシやシューマーの言動を額面どおりにとらえると、「民主党は中国に対して強硬路線をとっている」と考えてしまいがちだが、そんなことはない。

ペロシにしても、選挙区はカリフォルニア州サンフランシスコで中国人が力を持っているところであり、中国人との良好な関係がなければ選挙に勝てない。ペロシと中国は裏で繋がっていると考えるのが妥当だ。

さりとて、人権、自由、民主主義の理念を重視する民主党の政治家として、中国に対する姿勢だけははっきりさせなければならない。

シューマーにしても、ニューヨーク州選出の議員であり、これまた中国との関係が悪くては選挙に悪影響となる。ニューヨークと言えばウォール街の金融資本が力を持っているところである。そのウォール街は、中国を有力な市場と見ており、中国で儲けることを優先している。シューマーはウォール街をバックに選挙戦を戦っているのだから、中国と米国との関係を悪化させることは考えていない。悪化させれば、ウォール街の反感を買って、政界にいられなくなるからだ。謂《い》わばダブルスタンダードの対中姿勢というのが真相だろう。

そういう意味で、ペロンやシューマーの言動は額面どおりに受け取るわけにはいかない。裏のある、中国との「出来レース」の可能性すらある。

中国には死活問題の米大統領選

対中政策の一貫性ということでは、いまひとつ信用できない民主党に対して、共和党は対中強硬姿勢でまとまっている。

じつは、トランプが大統領時代に対中強硬姿勢を固めていったことについては、故安倍晋三総理の影響もある。安倍総理はトランプに会うたびに、「中国には用心したほうがいい」とアドバイスしていた。

大統領選を意識するトランプが、中国からの輸入品に対する大幅課税を口にしたのは、二〇二四年の二月四日のことだった。この日放送されたＦＯＸニュースのインタビューで、「関税を課さなければならない」と発言している。それまでにもトランプは大統領に復帰すれば中国製品に対しての関税上乗せを明言しており、その税率が六〇パーセントになると予想する報道も少なくなかった。その報道についてもインタビュアーがトランプに質したところ、「それ以上になるかもしれない」と語っている。

そんな高関税率を実際に課すことになれば、実質的に中国からの輸入を禁止することになってしまう。中国も黙っているわけがなく、米国からの輸入の全面禁止となるはずである。

しかし、実際にはそういう局面になるとは考えにくい。両国間の貿易が途絶えてしまえば、両国ともに大災厄《だいさいやく》に見舞われることは火を見るよりも明らかだからだ。そんな損なことを、トランプも習近平もやるはずがない。

六〇パーセント課税発言は、トランプ流の駆け引き、取引をするための「脅し」だと考えるのが妥当だ。実際、先ほどのＦＯＸニュースのインタビューでもトランプは、再び貿易戦争を始めるのではないかとの見方を否定し、「貿易戦争ではない。中国とは何でもうまくやった」と主張し、「中国にはうまくいってほしいと思っている。習近平国家主席のことはとても好きだ。私の任期中、とても良い友人だった」とさえ語っているのだ。本気でケンカする気ならば、こんなことは絶対に言わない。

トランプ政権のとき、対中規制を強めて貿易戦争というところまでいって、中国とはかなり険悪な仲になった。あのとき、「トランプは上海あたりに高層ビルを建てたがっているんじゃないか」と、トランプと交流のある米国人から聞いたことがある。厳しい条件を突きつけて、それを緩める代わりに利権を手にするというのが、トランプ流だという譬《たと》えだ。それくらいトランプは、取引をやりたがる。

六〇パーセント課税を言っているのも、自分が大統領になったときに、それをチラつかせながら、米国に有利な条件を中国側から引き出そうという作戦かもしれない。「Make America Great Again（米国を再び偉大な国に）」という言い回しを多発しているように、とにかく米国ファーストの考えしか、トランプにはない。米国ファーストのために、米国に有利な条件を取引で引き出してやるというのがトランプの考え方である。一見、強硬に見える言動も、その裏では取引を前提にしていることを忘れてはならない。

問題は、トランプの取引癖を、彼を取り巻く共和党系のブレーンがそのまま許すかどうかである。トランプのブレーンにはタカ派が多いので、大統領に返り咲いたトランプを利用して、より強硬な対中路線を打ち出してくる可能性もある。実際どこかで中国に譲歩するのではないかと言われていたトランプ大統領が前政権時、結局は譲らなかった。それは、彼のブレーンが強硬な対中政策を主張したからにほかならない。ペンス前副大統領、ポンペオ前国務長官ら共和党ブレーンたちは、完全に中国を抑え込もうと考えているので、トランプが大統領に返り咲けば、前回以上に強硬な対中政策を主張して、トランプを利用して実行してくる可能性はある。その意味では、大統領選でトランプが勝利すれば、中国にとっては厄介だし、怖いところだろうが、習もしたたかだ。北京は中国利権に飛びつくウォール街の金融資本のトップたちの取り込みに余念がない。しかも、これら金融資本トップはこぞってトランプ支持に回っている。

一方のバイデンの中国に対する姿勢は、再選されたとしても、そう大きく変化することはないと考えられる。政権関係者が中国に対して厳しい言動をとることはあっても、本気でケンカすることをバイデンは望んではいないからだ。

米大統領選と中国と日本

二〇二四年一一月の米大統領選でトランプが勝利すれば、少なくとも米国の対中通商政策はさらに強硬なものになる。そうなると、日本への影響も小さくない。

米国が対中強硬路線をとって、中国製品の関税を大幅に引き上げてくれば、中国も米国製品に高関税を課すなどの報復措置をとってくることになる。それが両国間だけの問題で済んでいれば日本の被害は少ないかもしれないが、そうはいかなくなる可能性が高い。

中国に強硬策をとる米国は、その効果を増大させるために、西側各国にも協力を求めてくるはずだ。とくに、米国の言いなりの日本には強く求めてくるだろうし、中国との関係も深い日本の動きが中国にとって痛手になると知っている米国はなおさら、強硬に求めてくる可能性がある。

経済問題だけに留まっていれば、まだ日本も我慢のしようがあるかもしれない。日本からの輸出に高関税を課されても、中国が独占する電気自動車（ＥＶ）の電池などに使う稀少鉱物や原材料の対日輸出を止められても、日本政府は米欧と結束する一方、大手商社の調達力を頼れば済む。

中国は政経不可分路線をとる。問題は、経済問題に留まらず、外交問題にまで発展していくことである。日本の経済制裁に対して、尖閣列島で中国の動きが活発化するとか、中国国内で日本人ビジネスパーソンが理由不明のまま拘束される事案が頻発する事態になりかねない。

二〇二三年三月には、日本のアステラス製薬の日本人社員がスパイ行為にかかわったとして北京で国家安全当局に逮捕される事件が起きた。二〇一九年には湖南省長沙市で日本人男性が逮捕され、一二年の実刑判決が確定している。しかし、両件ともに、犯罪事実とされた具体的な内容は不明のままである。

この二件だけでなく、二〇一四年に中国で反スパイ法が施行されて以降、拘束される日本人は後を絶たない。米国の大統領選でトランプが勝利して対中強硬路線が強まり、その影響で日中関係も悪化することになれば、さらに日本人が拘束される危険は高まる。中国からの報復であり、嫌がらせだ。

中国当局による日本人拘束ばかりではない。中国当局の裏工作により、中国国内で反日感情が高まれば、反日デモや日本人に対する傷害事件が中国国内で頻発する事態も起こり得る。

実際、大規模な反日デモが過去、中国国内では繰り返されてきた。二〇一二年には香港の活動家が尖閣列島に上陸し日本の官憲に逮捕されて強制送還されたことで、インターネットで呼びかけが始まり、中国各地で大規模なデモが展開されている。日系百貨店に押し入って売場を荒らし、火が放たれる騒ぎになった。日本食レストランでもガラスを割られるなど、大きな被害を受けた。

きっかけさえあれば、こうした反日感情が一気に噴き出すのが中国である。日本に対する報復、嫌がらせで、中国当局が反日感情を煽る可能性も大いにあり得ることだ。

こうなると、日本は手も足も出ない。日本で怪しい動きをしている中国人をスパイ容疑で逮捕して国外追放することも、スパイ防止法がない以上、できない。そういう報復措置を、日本はまったくとることができない。

二〇二三年に東京都の旅券課池袋分室（池袋パスポートセンター）で旅券発行手続きを

した一九二〇人分の氏名や住所が流出する事件があったが、この件で警視庁は窓口業務を委託していた事業者の中国籍職員を窃盗の容疑で書類送検した。どういう背景だったのか明らかにされていないが、スパイ行為だった可能性もある。しかしスパイ防止法がないので、窃盗容疑で捕まえるしかなかったのだ。そして立件の容疑は、たった一枚の付箋《ふせん》の窃盗だった。

スパイ容疑かもしれない件で、付箋一枚の窃盗容疑でしか立件できないのが日本である。付箋一枚と言えば一〇円以下で、それくらいの窃盗だから罪は軽い。裏を返せば、軽い罪にしか問われない程度のリスクでスパイ活動ができるのが日本ということだ。そんな日本だから、スパイ行為をやろうと思えば、やり放題である。

中国に弱い日本企業

米大統領選の結果、米国の中国への強硬姿勢が強まり、米国の圧力を受けて日本がそれに追随せねばならなくなれば、その影響をもっとも受けるのは中国に進出している日本企業になる。中国の機嫌を損ねたら、中国国内での活動が制限されることになりかねないからだ。そういうリスクを承知しておきながらも、中国市場でビジネスを続ける日本企業は少なくない。

トヨタ自動車は、二〇二四年四月から燃料電池（FC）システムの量産を中国で始めた。中国のFC大手の北京億華通科技（シノハイテック）と北京市に立ち上げた共同出資会社が生産・販売を担う。

FCシステムは水素と酸素を化学反応させて発電する仕組みで、発電時に二酸化炭素を排出しないのが特徴で、自動車の動力源として期待されている。トヨタ自動車は二〇一四年に燃料電池車（FCV）の「ミライ」を発表しており、FCVをビジネスの柱として育てることに熱心でもある。

トヨタ自動車が海外にFC専用工場を設けるのは、中国が初めてとなる。FCの大量生産はFCV普及には不可欠で、中国の工場は、トヨタ自動車のFCV普及戦略で重要な位置を占めることになるはずだ。トヨタ自動車は中国との関係をますます深めていく戦略だとも言える。

それだけに、日中の関係が険悪になることは、トヨタ自動車にとっては大きなリスクとなる。大統領選をきっかけに米中関係が悪化し、米国の中国制裁に追随するように日本が迫られて従えば、報復措置としてトヨタ自動車の中国国内での活動は制限される可能性がある。中国国内でトヨタ自動車の工場が生産したＦＣの日本への輸出が制限されると、日本国内でのＦＣＶ生産に大きなダメージとなる。また、トヨタ自動車製ＦＣを搭載したＦＣＶの中国国内での販売、輸出を制限されることになれば、大きなダメージとなる。

そういうリスクを背負ってまで中国に進出しなければならないのは、やはり中国マーケットの大きさにある。マーケットが大きければ生産コストも下げられ、研究開発も進むことになる。ＦＣおよびＦＣＶにおいて中国マーケットで大きなシェアを占められるかどうかは、トヨタ自動車の今後のＦＣＶ戦略に大きな影響を与えることになる。

ＥＶでは世界的に有名なのがテスラだが、これまで順調だった経営に逆風が吹いてもいる。二〇二四年四月に同社は二〇二四年第１四半期の新車販売台数を発表したが、前年同月期でマイナス八・五パーセントという結果だった。市場予想を大幅に下回って、販売不振と呼んでもいい状況に陥ったのだ。

理由は、中国製ＥＶにシェアを奪われていることにある。テスラが中国に進出した当初、中国政府は土地や低金利の融資、さらに税制上の優遇措置を提供して支援した。しかしテスラに影響された中国の国内自動車メーカーが、政府から巨額な補助金を得るなどして、急速に力をつけてきた。その中国国内自動車メーカーに中国マーケットでシェアを奪われるのを放置したために、テスラはシェアを落とした。そして二〇二三年一〇～一二月期のＥＶの世界販売台数では、中国大手のＢＹＤがテスラを上まわって首位となった。テスラは中国マーケットだけでなく、世界マーケットでも中国国内自動車メーカーに敗北することになってしまったのだ。中国国内自動車メーカーは、中国という巨大マーケットを利用することで急成長した。

ＦＣＶの成長にとっても、中国マーケットは無視できない存在である。ここを無視すれば、競争に取り残されてしまう可能性もある。だからこそ、トヨタ自動車は中国に進出したわけだ。

今後、日中関係によって不利益を被るリスクもトヨタ自動車は覚悟しなければならない。中国との良好な関係を保ち、なおかつ、テスラのように利用されないように用心する必要もある。中国進出は、かなりの緊張を強いられることでもあるのだ。

トヨタ自動車にしてみれば、余計なリスクを増やすことになる日中間の摩擦は避けてほしいし、その原因になりかねない米大統領選の行方は気になるところに違いない。

大統領選の結果は、トヨタ自動車だけでなく、中国に進出している日本企業にとっても大いに気がかりなはずである。日本企業にも切実な問題なのだ。

第四章

習近平の狙い

米同時多発テロとWTO加盟

中国が世界貿易機関（WTO）加盟を承認されたのは、二〇〇一年一一月のことだった。一九八六年から開始された、世界貿易上の障壁をなくし貿易の自由化や多角的貿易を促進するために行われた多国間通商交渉「ウルグアイ・ラウンド」の結果、WTOは一九九四年に設立が合意され、一九九五年一月一日に設立された。

それ以前に同様の目的で関税および貿易に関する一般協定（GATT）があり、中国は一九八六年に加盟を申請したが、承認されないまま一九九六年一二月に失効した。この失効に伴い、中国は改めてWTOに加盟を申請していた。

GATTへの加盟申請から数えれば、一五年も経ってからのWTO加盟だったわけだ。中国は、まさに〝悲願〟を達成したことになる。

ビル・クリントンが米大統領だった時代（一九九三年一月～二〇〇一年一月）、彼は中国のWTO加盟には前向きだった。中国は江沢民政権のときで、WTO加盟を進めるための窓口には朱鎔基がいた。しかし、共和党をはじめとする米議会が大反対――市場経済の大原則である「法律」「ルール」「契約」等を中国が遵守していないことや、中国経済急成長への警戒感などから——で、中国のＷＴＯ加盟は実現しなかった。

そしてジョージ・ブッシュ（子）が二〇〇一年一月、第四三代米大統領に就任する。彼は共和党の指名を受けているため党の意向に逆らうわけにはいかない立場であり、彼自身も中国を強く警戒していた。ブッシュ大統領の時代に中国のＷＴＯ加盟は絶望的と思われていた。

そこに起きたのが、二〇〇一年九月一一日の米国同時多発テロである。四機の米国内線民間航空機がハイジャックされ、自爆テロに使われてしまう。ハイジャックされた航空機は、国防総省（ペンタゴン）ビルやニューヨークの世界貿易センタービルの北棟と南棟に乗客を乗せたまま突っ込んだ。世界貿易センタービルの二棟は、完全に姿を消した。このテロによる犠牲者は三〇〇〇人近くとなり、そのなかには日本人二四人も含まれている。

翌日の九月一二日、国連安全保障理事会は「国際平和と安全に対する挑戦」とし、「もっとも強く非難する」との決議を全会一致で採択した。そしてブッシュはテロへの徹底抗戦を宣言し、テロを首謀した国際テロ組織「アルカイダ」への報復として、一〇月、アルカイダが本拠にしていたアフガニスタンへの軍事行動を開始する。

一一月にはアフガニスタンの首都カブールを制圧、アフガニスタン国土の大半を支配してきたタリバン――当時アルカイダを支援していた――の支配地域は一気に縮小し、一二月にはアフガン暫定行政機構を発足させる。これで米軍の軍事行動が終結したわけではなく、英国軍なども巻き込んで、長い戦いが続いていく。米軍がアフガニスタンから撤退するのは二〇二一年八月三〇日のことだった。二〇年間も戦闘は続いたわけで、「米国史上、もっとも長い戦争」とも言われた。しかも、米国軍は完全勝利をあげて撤退したわけでもなかった。

ともかく、このテロとの戦争を戦うために、ブッシュは中国に対する姿勢を軟化させ、WTO加盟を承認することになる。国際的な戦争を仕掛けるにあたり、中国が非難する側に回れば面倒なことになるからだ。それにアフガニスタンの隣は中国と親しいパキスタンであり、中国の影響力が及ぶ。どうしても中国の口を封じておく必要があった。

その取引材料として、ブッシュは中国にWTO加盟を差し出したことになる。効果てきめんで、米軍のアフガニスタン侵攻に中国が加わることはなかったが、国際政治の場で米国の行動を中国が大々的に非難することもなかった。

WTO加盟後、中国の対外貿易、とくに輸出量は急速に増えていく。WTO加盟前だと、中国と取引するにしても、中国の国内法とか中国共産党の裁量に縛られることになる。西側諸国の常識が通用しない場面も多いので、中国とのビジネスには用心が必要になる。

しかし加盟国になれば、ＷＴＯのルールを守る義務があり、それを守ることを国として保障したことになる。ＷＴＯに加盟したからといって、中国共産党の裁量に左右される部分が皆無になったわけではないが、加盟前に比べれば右往左往させられることは少なくなる。貿易相手国は安心できるわけだ。

つまり、信用は増す。そうなると安心して貿易できることになるので、中国の貿易量、貿易額ともに急激に増えていった。

中国がＷＴＯ加盟を悲願にしてきたのは、そういう効果を期待していたからでもある。

一方共和党内のアジア専門家の間では、ＷＴＯに加盟させることで中国の経済力が大幅に増大すると、軍事力も強化され、東アジアで米軍を脅かすようになるとの警戒論が根強かった。それもあって、ブッシュ政権発足時は中国のＷＴＯ加盟を承認させなかったのである。

その局面を変えたのが米同時多発テロだった。そして、中国は急速な経済発展を遂げて、米国を脅かす存在となっていく。

二段目のロケット

中国経済を飛躍させたのは、〝二段式ロケットの構造〟によってであった。一段目のロケットがＷＴＯ加盟であり、二段目のロケットがリーマン・ショックであり、いずれも米国が絡んでいる。

二〇〇八年九月一五日、米投資銀行リーマン・ブラザーズが六〇〇〇億ドル超という史上最大級の負債総額を抱えて倒産した。これをきっかけに世界的な金融危機と不況へと突入していく。リーマン・ショックである。

信用力の低い個人向けローン（サブプライムローン）の大量焦げ付きで、それらを束ねた証券化商品が急激に値下がりし、大量に保有していたリーマン・ブラザーズは資金繰りに行き詰まってしまう。

日本の平成バブル崩壊のとき、日銀と大蔵省（現・財務省）は株式や不動産価格暴落の引き金を引いたあと、金融機関の不良債権が膨らむのを放置し、山一證券や北海道拓殖銀行など大手の経営を破綻させた。こうして金融市場機能は麻痺したが、日銀は傍観同然だった。実体経済にカネが回らなくなり、日本経済は慢性デフレへの局面に陥っていく。

米財務省と連邦準備制度理事会（ＦＲＢ）はリーマンの破綻後、信用不安がほかの大手金融機関に波及するのを防止するのと同時に、ＦＲＢが巨額のドル資金を発行し、紙切れになりかけた住宅担保証券を買い支え、さらに国債の大量購入に踏み切った。

こうして米金融市場は徐々に落ち着きを取りもどし、実体経済への悪影響を最小限にとどめることに成功した。

ところが、リーマン・ショックの衝撃は日本を襲うことになる。ＦＲＢが大規模なドル資金発行による量的緩和政策に転じたのに、日銀は無為無策で通した結果、急速に円高が進行していく。リーマン・ショックで対米など輸出が激減しているなかでの超円高である。日本経済はデフレ圧力が高進して、景気が大きく落ち込んでいく。リーマン・ブラザーズ倒産前に一万二〇〇〇円台だった日経平均株価は、破産から一ヶ月後には六〇〇〇円台にまで下落している。その影響は四年ほども続き、日本経済は低迷を続けることになる。

ところが中国だけは、このリーマン・ショックを契機に経済を飛躍させていく。それは、大量発行された米ドルが中国に流れ込んでくることになったからだ。

繰り返しになるが、その流れは次のようになる。

米国の中央銀行であるＦＲＢは相場が暴落している住宅債権を買い上げるために米ドル

を大量に発行した。次に米国債を金融機関から買い上げて資金を流す。これが量的金融緩和である。しかし米ドルは、不況のなかで米国内では行き場がなく外に溢れ出る。

中国だけは、不動産など投資の場があったため、大量の米ドルが対中投資として中国に流れ、中国の外貨準備高は膨れ上がっていく。その米ドルを背景に中国人民銀行は人民元を大量に発行し、政府の財政支出および国有商業銀行融資を通じて中国各地に流していく。これで開発に拍車がかかり、政府によるインフラ投資も進んでいく。中国は、たちまちふた桁台の経済成長を達成することになる。投資主導型経済発展の典型だった。

当時の米中での通貨発行量を比較してみると、米ドルの増発分だけ人民元が増えているのがわかる。米国の量的金融緩和による米ドル増発が、人民元の増発に置き換わったのだ。つまり、リーマン・ショックによって米ドルが余り、それが中国経済を飛躍させたことになる。

ちなみに日本でもアベノミクスによる金融緩和で日銀が増発した円が、行き所を求めて中国に流れ込んでいる。ただしストレートに日本から中国に向かったわけではなく、いったんはウォール街などに流れ込み、そこから行き場を求めて中国に向かうというかたちになった。日米の金融緩和が中国経済の飛躍に繋がった、と言える。

中国経済は膨張を続けられるか

ＷＴＯ加盟とリーマン・ショックという二段ロケットで飛躍した中国経済は、いま大きな転機を迎えている。第一章で説明したように、不動産バブルが弾けたのだ。

習近平総書記・国家主席体制は、異例の三期目に突入した。これまで国家主席を三期務めたのは、「建国の父」である毛沢東しかいない。しかし、習近平は三期で国家主席の座を降りるつもりはなく、まだ一〇年以上も国家主席の座に居つづけるつもりだと周りからみられている。彼は、毛沢東を超える中国の権力者になる野心満々だ。

その習近平にとって、バブル崩壊で中国経済が沈み込むことは大きなマイナスになる。彼を党総書記や国家主席の座から追いやることになるかもしれない。だからこそ習近平は、中国経済の低迷をそのままにしておくわけにはいかない。習近平が毛沢東以上の権力を手中にするには、中国経済の低迷を脱し、高成長軌道へと再び回帰させていかなければならない。

習近平がどのような策で中国経済を立て直していくのか、いけるのか、大きな注目点である。その動きは、間違いなく日本や米国をはじめ、世界中に大きな影響を与える。

そのための策のひとつが、「一帯一路」である。

習近平が二〇一三年に提唱した「シルクロード経済圏構想」が、一帯一路の始まりである。かつて中国、中央アジア、西アジア、欧州を結んだ通商路がシルクロードだが、この陸路で結ばれる経済圏が「一帯」、そして中国沿岸部から東南アジア、南アジア、アラビア半島、アフリカ東岸を結ぶ海上のシルクロード経済圏が「一路」だ。このふたつに中国の強い影響力を及ぼすことで、中国経済の成長・飛躍に繋げようとする構想が一帯一路である。中国経済圏を国外に広げることで、習近平は自らの権力強化を図っているわけだ。

二〇二三年のデータでは、中国による対外直接投資の四分の一までが一帯一路関係になっている。さらに新規契約のプロジェクトの八〇パーセントまでを、一帯一路関係が占めている。それまでは五〇パーセントくらいだったものが、ここまで増えている。習近平政権は二〇二四年の実質経済成長率の目標を五パーセント前後で持続させるという。手段は、党主導のモノの増産と投資の水増しで、結果は莫大な工業製品の生産過剰であり、はけ口は海外市場しかない。習政権の対外拡張攻勢が激化する。

通常、経済が成熟するにつれて、家計消費が重要視されるのが西側世界である。景気が悪化すれば、財政、金融政策を通じて家計など民間需要を刺激していくのだが、習政権の場合、財政面で所得の再配分政策は貧弱だし、家計や中小企業を補助することには否定的だ。

中央政府の税収源は企業に対する付加価値税（「増値税」と呼ばれる）である。政府は輸出増強のために、輸出企業への増値税を減免するのだが、ここで政府・企業間での贈収賄が展開される。党幹部とその身内は〝特権〟を利用して不正蓄財に励む。相続税はないので、摘発されない限り、特権層は資産を存分に膨らませ、香港を通じて海外に金融資産を持ち出す。

したがって、中国で大問題になっている貧富の格差是正や習の言う「共同富裕」社会を実現するなら、まずは相続税導入など資産課税を強化すればよいはずだが、俎上には上らない。既得権者が多い党内の反対が圧倒的に多いからだ。

党が直接支配する中国特有の財政、金融システムには弱点がある。中国人民銀行は流入する外貨に応じて人民元資金を発行するが、国内からの資本逃避は止まらず、外国企業や機関投資家による対中投資はジリ貧状態である。金利を下げると元安が加速し、通貨危機に転化しかねない。人民銀行が量的緩和できない以上、中央政府が国債の増発に踏み切るわけにはいかない。買い手がつかない恐れがあるからだ。

勢い財政出動は小規模であり、金融緩和も小出しで済ますしかない。地方政府の主力財源である土地利用収入は激減したままだ。

結局、習政権は内需テコ入れよりも、対外膨張策に血道を挙げるしかない。そこで目立つのは習自身が執念を燃やしてきた拡大経済圏構想「一帯一路」へのテコ入れなのだ。

一帯一路に参画している国が鉄道や高速道路、港湾などのインフラ整備に投資するとき、中国は必ず中国の建設企業、金融機関を参画させ、さらに中国人技術者と労働者を大量に連れてくる。

中国の銀行がインフラプロジェクト費用をすべて融資し、現地政府が債務を負う。中国の銀行融資は人民元建てであり、中国の企業や建設労働者に人民元で支払う。ところが債務返済はドル建てだ。すると、「返せないなら、この港湾を九九年間、好き勝手に使わせろ」という条件をのませる。他国の施設をタダ同然に使うのだから、もはや〝侵略〟でしかない。

有名な例が、スリランカのハンバントタという大規模港湾の建設だ。中国が融資して、スリランカが借入金の返済に行き詰まったので、その港の運営権を中国企業に九九年間譲渡させた。その港を使って自由に貿易を行い、その利益はまるまる中国企業に入ることになる。

それでも工事を、例えばスリランカの企業が、スリランカ人の労働者を使ってやれば、スリランカ国内にカネが落ちることになる。ところが一帯一路では先述の通り、工事も中国の企業が中国人の労働者を数多く連れて現地に乗り込んで行う。工事によって動くカネのほとんどが、中国に入る仕組みになっているのだ。

その条件の不利さを、相手国も気づいていないわけではない。気づきながらも、中国の言うがままにやっているのが実態である。というのも相手国の元首にしてみれば、目に見える橋や港、道路が出来れば、国民に自分の手柄としてアピールできる。しかも、地元には多少なりとも関連需要が発生するので、当該国の首脳の一族は利権を確保できる。権力を持ちつづけるには、中国の仕掛ける罠にはまるかもしれないと思いつつも、中国に頼むしかない。それを習近平は、うまく利用しているわけである。

二〇二三年一〇月に、インドネシアの高速鉄道が開業した。それは日本が先行していたプロジェクトだったが、最終的には中国に受注されてしまった。工事費を下げたり、融資の条件を緩くするなど、詳しいことはわからないが、なにがしかの中国側の工作があったことは想像できる。

高速鉄道は、プロジェクトを起ち上げて開業させたジョコ・ウィドド大統領の代表的な成果とされている。二〇二四年二月には大統領選が行われたが、ジョコ政権で国防相を務め、ジョコ政権の政策を継続することを訴えたプラボウォ・スビアントが勝利している。そしてジョコの長男であるギブランを副大統領に据えた。プラボウォ新大統領誕生には、高速鉄道を開業させたジョコの成果も、大きな役割を果たしたはずだ。

ただし、債務の返済についての不安は高まるばかりだ。高速鉄道建設の総工費は、当初は五五億ドルとされていたが、最終的には七二億ドルに膨らんだ。中国は「インドネシアに公費負担を求めない」としていたが、結局は国費投入を余儀なくされた。地元紙『ジャカルタ・ポスト』は二〇二四年一月の社説で、「私たちは今後何年も国家予算の足を引っ張る負債という現実に直面しなければならない」と警鐘を鳴らした。

こういう事態を招いたのは、プロジェクトを主導した中国の金融機関と中国企業とその背後の習政権であり、受け入れたジョコ前政権である。

そしてジャカルタが公費負担してまで払うことになる七二億ドルのほとんどは、中国側の財布に入ることになるのだ。

人民元で貸して米ドルで回収

一帯一路の特徴は、中国の金融機関が参画して、資金の融資を行うところにある。中国の金融機関だから、それは人民元による融資になると、前に指摘した。

工事のほとんどは中国企業が行い、使う労働者も中国人なので、その支払いには人民元のほうが便利だ。しかし中国の金融機関は、米ドルでの返済を条件にする。人民元で貸すが、米ドルで返せ、というわけだ。

前述したように、人民元の発行量は、米ドルを中心とする外貨準備高を背景にしている。したがって、中国は米ドルを喉から手が出るほど欲している。外貨準備高が増えれば人民元をどんどん刷って、国内向けばかりでなく、一帯一路の新たなプロジェクトに回すことができる。一帯一路を拡大し、中国の経済圏を拡大していくことは米ドルの獲得に繫がるのだ。

とはいえ、一帯一路に参画している国は貧しい国が多く、米ドルを豊富に保有しているわけでもない。米国へ輸出する有力物資のある国なら米ドルは簡単に手に入るかもしれないが、そうでない国なら米ドルは容易く手に入れることができない。

そうなると、中国への返済が滞ることになってしまう。中国は、「払えないのなら、プロジェクトの完成物を接収する」という挙に出るが、こうした「債務の罠」には国際的な非難が集まっている。債務返済猶予に応じるようにとの西側からの圧力も高まっている。焦げ付きが続出すれば、習政権も対応に苦慮するだろう。

一帯一路の人民元経済圏化

一帯一路の特徴は、人民元で貸付をしておいて米ドルで返済させるところにあった。米ドルを背景にして人民元の発行量を決めている中国にすれば、それは米ドル獲得の有効な手段だったわけだ。

しかし、ここにきて変化が現れている。人民元で決済できる、人民元で完結できるプロジェクトをどんどん進めてきているのだ。米ドル決済にこだわっていると、ドル準備に欠く現地政府の場合、腰が引けてしまうのは当然だ。

そこは中国もわかっていて、米ドルではなく人民元での返済に応じる姿勢も見せはじめている。人民元での返済であれば、中国政府の人民元借款で乗り切ることもできる。借金返済のために借金をするようなものだが、返済の先延ばしはできる。

人民元決済ができるようになると、インフラ整備などのプロジェクトでなくても中国の経済圏拡張に繋げられる。貿易が盛んになるからだ。一帯一路に参加している国に対して、人民元の信用を供与し、中国製品購入拡大を求められる。中国国内では過剰生産になっており、生産品が溢れている。これを処分するために、一帯一路に参加している国を利用できるのだ。

一帯一路に参加している国は中国製品を押しつけられ、国内に中国製品が溢れることになる。これが先進国であれば、自国の産業を圧迫することになるので、産業界から批判の声が巻き起こり、反中国の動きになりかねない。それは、中国にとっても好ましいことではないはずだ。

二〇二三年一二月に、G7（主要七ヶ国＝日本、米国、英国、ドイツ、フランス、イタリア、カナダ）で唯一、一帯一路に参加していたイタリアが離脱を中国に正式に伝えた。二〇一九年三月に参加したものの、二〇二二年までに中国からの輸入は八一パーセント増えた一方で輸出は二七パーセントしか伸びなかったからだ。経済的に利益がないと見切りをつけての離脱だったわけだ。

過剰生産で国内に余剰を抱えている中国には、海外からの輸入に自ずとブレーキがかかる。一方的に輸出するばかりでは、相手国からは「失業の輸出」だと非難されよう。

ただ、一帯一路に参加している国の多くは、中国製品（自国で生産できないもの）が入ってくるのだから、まだ不満は大きくならない。中国にしてみれば、国内で余剰になっているものを押しつける好都合な存在なのだ。政治的な影響力も強めて、自国の生産品を売りさばいていく。こうして一帯一路が人民元経済圏と化す。

ただ、人民元経済圏の拡大によって中国が豊かになるかと言えば、そうはいかない。売りつけるものが高額では、いくら自国で生産できないとはいえ、経済力の弱い国だと消費に結びつけるのは難しい。そうなると中国は、安値で売るしかない。原価を下回る対価で売るダンピングに近い値段にまで下げなければならないケースも少なくないはずだ。どんなに輸出量を増やしても、中国の利益は上がっていかない。豊かになれないのだ。「輸出貧乏」国になってしまう。

それでもやらざるを得ないのが、中国の現状である。中国の輸出に占める一帯一路向けは、すでに五割にも達している。倍増している状況で、そうしなければ中国国内で生産過剰になっている分を処分できない。処分するためには、さらに一帯一路という人民元経済圏を拡大していかなければならないのが、中国の現状である。

中国依存のロシア

一帯一路という人民元経済圏に入ってしまった国々は、どんどん中国依存を強めていくことになる。それが、中国の狙いでもある。

そうした中国依存を強めているのは、何と言ってもロシアである。二〇二二年二月二四日未明に、ロシア軍はウクライナへの侵攻を開始した。ウクライナ戦争の勃発だ。

この侵攻によって、ロシアは西側諸国から輸出禁止などの経済制裁を受けることになる。極端な物資不足に陥ったわけで、それを補うためにロシアは、経済制裁に加わっていない中国から輸入している。その輸入量は、ウクライナ戦争勃発前と後とでは八倍にもなっている。戦争前の中国からの輸入量が少なかったこともあるが、それにしても八倍増は驚くべき数字である。西側諸国による経済制裁によってロシアが受けているダメージの大きさを物語ってもいる。

ロシアが中国への支払いに使っているのは人民元だ。ウクライナ侵攻に対してロシアは、ドル取引禁止、国際銀行間決済システム「ＳＷＩＦＴ」からロシアの一部銀行の排除、米欧日の中央銀行に預けてある外貨準備資産の凍結という金融制裁も受けている。そのロシアの通貨であるルーブルは、国際金融市場では紙切れでしかない。ルーブルで支払われても、中国は困ることになる。

そこで、中国の対ロ貿易は人民元で決済されている。そのためには、ロシアは人民元を手に入れなければならない。手元に人民元がなければ、支払いはできないからだ。

ロシアが人民元を手に入れるための元になっているのが、原油である。ロシアがウクライナ侵攻を開始する直前の二〇二二年二月四日、北京でロシア大統領のウラジーミル・プーチンに対して習近平は、「友情に限界はなく、協力するうえで禁じられた分野はない」と約束した。その「友情」を実施するために習近平はロシアに物資を送り、その代金を人民元で受けとるために、ロシアから原油を輸入している。ロシアは原油を中国に売った代金を人民元で受け取り、それを中国からの輸入物資の支払いに充てている、というわけだ。

しかも、中国はロシア産原油を、国際相場を上回る価格で購入している。商売よりも「友情」を優先しているのだ。

ロシア産原油は「ウラル原油」と呼ばれる油種だが、二〇二二年以降、下落が続いている。西側諸国がロシアに対する経済制裁の一環として、ウラル原油の輸入を禁止している影響である。

ウラル原油の相場は、成分が似ている北海油田産出のブレント原油相場と、ウクライナ侵攻前には同等の水準にあった。それがウクライナ侵攻後には、一バレルあたり二〇～三〇ドルもブレント原油よりも安くなっている。

ところが、中国の税関統計データから算出してみたところ、中国はウラル原油の国際相場よりも一バレルあたり一六～二〇ドルあまりも高い値段で輸入していることがわかった。

ウクライナ侵攻後にロシアから原油の輸入量を増やした存在として、インドが知られている。しかしインドは、安い値段での輸入を行っている。二〇二二年一二月、インドのジャイシャンカル外相は議会で、「国民の利益のため、もっとも良い取引ができるところにいくのは賢明な政策だ」と述べて、安く買っていることを認めた。西側諸国の経済制裁で行き場のなくなっていたロシア産原油を、買い叩いているのである。「友情」を優先させた中国に対して、インドは「商売」を優先させたことになる。

しかも、中国によるロシア産原油の輸入は急増した。二〇二一年六月には日量一五〇万バレル強だった輸入量は、二〇二三年六月には同二五六万バレルに達している。それほど中国は、ロシアに貢献しているわけだ。

これを、ただ「友情」だと解釈するには問題がある。ウクライナ戦争については「中立」の立場をとっているとはいえ、重い経済制裁でロシアに対している西側諸国にしてみれば、中国の行動は許しがたいものだ。西側諸国との緊張関係は増している。それほどのリスクを冒してまでロシアに協力するほど、習近平は友情に篤い人物だとは思えない。

中国がロシアに協力的なのは、人民元経済圏を拡張するという目的があるからだ。ロシアが人民元決済を進めていけば、かなり有力な人民元経済圏のメンバーとなる。それによって人民元経済圏は一気に広がる可能性もある。習近平の「友情」には、そうした「野望」が隠されてもいる。気がつけばロシアは中国の属国、という事態も、まんざら夢物語ではない気がする。

一帯一路に反発するインド

ロシアに対して友情ではなく実利を優先させたのがインドだった。そのインドは、対中貿易においては赤字である。つまり中国への輸出より、中国からの輸入が上まわっているのだ。

そうなると、人民元経済圏に取り込まれてもおかしくない。しかしインドは人民元決済を拒否しており、一帯一路にも反対している。

一帯一路の一路は、中国沿岸部から東南アジア、南アジア、アラビア半島、アフリカ東岸を結ぶ海上のシルクロード経済圏である。そこではインド洋は重要な位置にあり、スリランカやモルディブ、タンザニア、モザンビーク、マダガスカルなど多くのインド洋沿岸国を中国は一路に取り込んできている。

しかしインド洋を自らの勢力圏と考えているインドは、中国の勢力拡大に警戒感を強めている。インドと中国の争いの歴史は古く、一九六二年にカシミール高原を舞台にして起きた中印戦争では、両国で二〇〇〇人を超す戦死者を出している。その後も国境線で小競り合いは続いており、二〇二〇年六月にもヒマラヤ西部で双方の兵士が衝突し、インド側で二〇人、中国側で四人の兵士が死亡している。

だから、一帯一路にも反対している。一路の拡大でインド洋沿岸国の港湾を中国が押さえれば、中国海軍の基地として活用されかねない。一路の拡大を許せば、経済的だけでなく、軍事的にも不利な状況を招くことになりかねない。それだけに警戒感を強めている。

中国のインド洋展開に神経を尖らせているのは、インドだけではない。二〇一七年にマニラで開催されたＡＳＥＡＮサミットで、故安倍晋三総理が提唱し、米副大統領のディック・チェイニーの支援を得て、オーストラリア首相のジョン・ハワードとインド首相のマンモハン・シンが参加して行われたのが「日米豪印戦略対話（クアッド）」である。ここで、インド太平洋地域における中国進出に対抗するための四角形同盟の復活が同意された。日米豪印の四ヶ国が中国への対抗意識を明らかにしたわけで、これに対して中国は正式な外交抗議を発表している。

これ以降、日米豪印の四ヶ国による共同軍事訓練が行われてもいる。中国も黙っているわけがなく、インド洋での軍事行動を活発化させている。さらに二〇二四年三月には、インド洋の島国モルディブに対して、軍事援助を行うことを決めた。それまでインドとの関係が深かったモルディブは、インド依存を低減させて、中国依存を強める方針だ。

中国による一帯一路という経済戦略は、軍事的な緊張関係を高めていることにもなる。それでも、習近平は一帯一路の拡大に執念を燃やしている。それによって、低迷する中国経済を復活させる望みを持っているからだ。

習近平の焦りとグローバルサウス

トランプ大統領の時代に通信機器大手のファーウェイが政府調達から締め出されるなど、西側諸国から中国への風当たりは強くなりつづけている。西側諸国の中国包囲網は強固になるばかりで、それを突破できないことに習近平は焦ってもいる。そうしたなかで中国が必死に取り込みを図っているのが、グローバルサウスだ。

インドやサウジアラビア、インドネシア、イラン、トルコ、南アフリカなど、おもに南半球の新興国・途上国が、グローバルサウスである。

ウクライナ侵攻で米国をはじめとするロシアへの経済制裁が実行されたのを目の当たりにしたグローバルサウス各国は、自らが経済制裁対象国になってしまう可能性を懸念しはじめている。米ドルの金利が上がって自国通貨が売られるリスクも高まっている。そういう理由でグローバルサウス各国は、米国依存、米ドル依存からの転換を模索している。

そこに習近平は、巧みに攻勢をかけている。二〇二二年一二月にサウジアラビアを訪問した習近平は、同国とファーウェイとの協力覚書に署名している。サウジアラビアを取り込むことに成功したのだ。

このサウジアラビア訪問中に習近平は、同国の首都リヤドで開かれた第一回中国・湾岸協力会議（ＧＣＣ）首脳会議にも出席している。この会議には中国とサウジアラビアのほか、カタール、バーレーン、クウェート、オマーン、アラブ首長国連邦（ＵＡＥ）という産油国の首脳が出席していた。この席でサウジアラビアのムハンマド・ビン・サルマン皇太子は開会スピーチで、「湾岸地域と中国の協力関係の歴史的な新しい局面を確立する」と、湾岸地域と中国の自由貿易圏設立も検討していることを明らかにしている。

これに応えて習近平は、石油・天然ガス貿易の人民元建て決済を推進すると述べ、上海石油天然ガス取引所を「最大限に活用する」とも表明した。

習近平はグローバルサウスの産油国を人民元経済圏に取り込んだことになる。それは人民元を基軸通貨にする野望に向けて一歩前進したとも言える。

一九七一年八月に当時のニクソン米大統領は、米ドルと金のリンクを断ち切り、一九七三年には変動相場制へと移行した。米ドルの信用は急落することになる。その信用を繋ぎとめるために動いたのが、当時のヘンリー・キッシンジャー国務長官だった。

彼はサウジアラビアの首都リヤドを訪問して、石油の販売をドル建てで行うことを約束させたのだ。その見返りとして米国は、サウジアラビア王家の保護と同国の安全保障を引き受けた。

石油輸出国機構（ＯＰＥＣ）の中心的存在であるサウジアラビアが石油取引を米ドルに限定したことから、石油と同じ炭化水素である天然ガスの国際相場もすべて米ドル建てとなった。石油や天然ガスの取引通貨になったことで、米ドルは信用を回復し、基軸通貨の座を守ることになった。そして産油輸出国は豊富な米ドルを手にすることになり、それは投資マネーとして国際的に動きまわることにもなる。日本では「オイルダラー」と呼ばれているが、米欧では「ペトロダラー」と呼ばれることが多い。「ペトロ＝石油」とドルの組み合わせである。

先述した動きが広がっていけば、ペトロダラーは近いうちに「ペトロ人民元」と呼ばれるようになるかもしれない。それは人民元経済圏の拡大を目指す習近平の勝利であり、同時に米ドルの敗北となる。米ドルは基軸通貨としての地位を失うかもしれないし、米国は国際的な影響力を弱めることになるかもしれない。

それだけに、習近平はグローバルサウスを重視し、その取り込みに躍起になっている。グローバルサウスをめぐる米中の対立は熾烈になっていくに違いない。

第五章

習近平の脱米ドル戦略

ルーブル決済を求めたロシア

米農務省の調査によれば、二〇二三／二四年度における世界の小麦輸出量のトップはロシアで、全体の二四・四パーセントを占めている。六位がウクライナで五・九パーセントである。ウクライナはロシアに侵攻されている状態でもこれほどの輸出量があるのだから、戦火が収まれば、もっと増えるはずだ。

もしロシアがウクライナを完全占領してしまったら、世界の小麦市場の大半をロシアが支配することになる。そうなれば、ロシアのウラジーミル・プーチン大統領はロシア・ウクライナ産小麦を輸入している国に対してルーブルでの支払いを強く要求することになるだろう。

実際、天然ガスでは実行に移した。二〇二二年三月二三日、プーチン大統領は、ロシア産天然ガスを購入する、いわゆる「非友好国」にルーブルでの支払いを求める方針を明らかにした。同年二月二四日にウクライナに侵攻したロシアは、西側諸国から反発されて孤立するのを予想していたはずだ。実際、西側諸国はロシアに対して経済制裁を実施することになる。

ロシア産天然ガスを必要とする、とくに欧州諸国にすれば、ルーブルで支払うためにはルーブルを入手するしかない。ロシアとの貿易を継続して、ロシアに物資を売り、その代金をルーブルで受けとるしかないのだ。経済制裁が形だけのものになってしまう。それが、プーチンの狙いだったとも言える。

小麦でも天然ガスと同じようなことができてしまう。天然ガスと小麦の両方においてルーブルでの支払いを条件にすれば、必要とする国はロシアとの貿易を続けるしかない。経済制裁のリスクを回避できるだけなく、米ドル決済が常識となっている国際取引の仕組みを変えることにもなる。つまり、「脱米ドル」である。

プーチンの頭のなかには、常に脱米ドルがある。米ドル中心の世界経済は、ドルの発行と供給権を握る米国によって支配されていることになる。この支配をプーチンは覆したいのだ。少なくても自国の取引に関する限りは、ルーブルが米ドルに取って代わることをプーチンは狙っている。ウクライナ侵攻には、脱米ドル依存というプーチンの野望が隠されていると言える。

中国の脱米ドル戦略

脱米ドルを狙っているのは、ロシアだけではない。中国もまた、米ドル中心の国際経済を覆し、人民元中心の国際経済に変えたいと考えている。

第四章でも述べたが、二〇二二年一二月にサウジアラビアを訪問した習近平は、同国とファーウェイとの協力覚書に署名している。サウジアラビアを自らの陣営に引き入れる習近平の戦略である。これが成功し、サウジアラビアのムハンマド・ビン・サルマン皇太子は同国で開かれた第一回中国・湾岸協力会議（ＧＣＣ）で、中国と湾岸諸国の関係強化を宣言した。そして習近平は、石油・天然ガス貿易の人民元建て決済を推進すると表明している。石油・天然ガス取引市場において、これまでの米ドル決済体制を切り崩し、人民元決済が食い込む兆しが見えてきたわけだ。習近平による脱米ドル戦略である。

エネルギーの非ドル決済について、習近平は早くから動いてきた。米国をはじめとする各国から経済制裁の対象とされたイランへも、急速に接近した。

核開発問題で、二〇一八年に米国のトランプ大統領（当時）はイラン産の石油輸入を禁止する経済制裁に踏み切った。これに同調すれば、イランから石油を輸入していた日本などにとっては大きなダメージに繋がるところだった。そこはトランプも一旦は配慮したのか、日本、中国、インド、韓国、トルコの制裁からの除外を認めていた。しかし二〇一九年五月に米国は、これらの国に認めてきた適応除外の措置を打ち切った。

イラン石油の輸入を続ければ米国の経済制裁の対象にされかねないため、自粛が始まる。二〇一九年にはイランの輸出量の一五・六パーセントを占めていた日本向けは、二〇二〇年にはゼロになった。日本が米国の方針に大人しく従った結果である。

一方で、中国はイランからの石油輸入量を増やしつづけてきた。『ブルームバーグ・ニュース』(二〇二三年八月一六日付)は、「(データ分析会社)ケプラーによると、中国は今月、イランから日量約一五〇万バレルの原油を輸入する見通し。これは二〇一三年まで遡る同社のデータで最高水準となる」と伝えている。

米国が経済制裁を実施し、それに従う国もあるなかで、中国はイランとの関係を深めていたことになる。米国の対イラン強硬策を逆手に取ったと言ってもいい。

そして国交が断絶していたイランとサウジアラビアを仲介して国交正常化を実現させる〝離れ業〟をやってのけたのも、中国だった。

二〇一六年一月二日、サウジアラビア内務省は、サウジアラビア国内でテロを起こしたアルカーイダ関係者であるシーア派高位聖職者ニムル・バーキル・ニムル師を含む四七人の死刑執行を公表した。これに反発したイランの市民が、在イランのサウジアラビア大使館を襲撃する事態となった。これをおもな理由として一月三日、サウジアラビアはイランとの外交関係を断絶した。

サウジアラビアはイスラム教の二大宗派のひとつであるスンナ派（正確にはスンナ派に属するワッハーブ派）の国であり、もうひとつの大宗派であるシーア派の国がイランである。両宗派は古くから対立関係にあり、そのためサウジアラビアとイランの関係にも強く影響していた。サウジアラビアでシーア派高位聖職者の死刑執行があり、それが両国の国交断絶にまで発展したのは、そうした背景があったためである。

それだけに、両国の国交正常化は困難と思われてきた。その難問を解決したのが中国だった。中国の仲介によって、二〇二三年三月一〇日、両国は外交関係の正常化で合意したのだ。

両国の外交正常化合意はもちろんだが、中国が仲介したことは世界中の関心を集めた。中東での中国の存在感が大きくなったことは間違いない。

そのイランとは、中国は石油の人民元建て取引で合意している。石油輸入量を増やしてきた実績による成果である。イランとサウジアラビアは石油輸出国機構（ＯＰＥＣ）の有力国であり、世界の石油流通に大きな影響力を持っている。その両国が人民元建て決済に合意しているということは、石油取引において人民元が大きな役割を果たしていくことを意味している。中国の脱米ドルにとっては、かなり大きな一歩である。

ＢＲＩＣＳの脱米ドル依存に便乗

中国の脱米ドルの動きは拡大するばかりだ。

二〇二三年三月には、中国の国有石油大手の中国海洋石油（ＣＮＯＯＣ）がアラブ首長国連邦（ＵＡＥ）産のＬＮＧ、約六万五〇〇〇トンを、仏石油大手トラルエナジーズから人民元建てで購入している。米ドル建てで行われてきたＬＮＧ貿易が、人民元決済で行われたのは初めてのことだった。

同じく二〇二三年三月、中国とブラジルは両国間の貿易取引で、それぞれの自国通貨を用いることで合意している。中国とブラジルの取引高は、二〇二二年には史上最高の一五〇五億ドルだった。この取引は米ドルを介して行われてきたが、人民元とブラジル通貨レアルで行われるようになることで、米ドルの出る幕がなくなる。つまり、脱米ドルである。

二〇二三年四月になるとアルゼンチン経済省が、アルゼンチンと中国の両国の中央銀行が締結した通貨スワップ協定を発動し、輸入代金の米ドル決済を中止して、人民元決済に切り替えると発表している。

さらに六月には、返済期限を迎えた国際通貨基金（ＩＭＦ）からの二七億米ドルの融資を、アルゼンチンは人民元で返済している。アルゼンチンが外債を人民元建てで返済するのは、これが初めてのことだった。アルゼンチンは脱米ドルの方針をとりつつある。

中南米における経済規模一位のブラジルと三位のアルゼンチンが脱米ドルを進めることで、ほかの中南米諸国にも脱米ドルの動きが広まる可能性は高い。それは同時に、人民元の勢力拡大を意味している。

脱米ドル・親人民元の動きは、米ドル覇権網から逃れたいという各国の政治的な思惑ともからんでいる。しかし政治的な理由だけで、そういう動きにはならない。そこには、やはり実利が必要になってくる。

グラフ5－1～5－6は、中国税関総省のデータから作成したＢＲＩＣＳ（新興経済圏）新規加盟各国に対する中国の輸出入状況である。サウジアラビアを除く五ヶ国については、中国からの輸出が輸入を上まわっているのがわかる。つまり、対中貿易において五ヶ国が赤字なのだ。この赤字を米ドルで決済しようとすれば、米ドル準備を崩さなくてはならない。

米ドル準備を崩すことは、国際金融的に好ましいことではない。しかし人民元で決済できれば米ドル準備を減らさなくて済むことになる。そのため、人民元決済の受け入れが急速に進んでいる。対中貿易に関する限り、人民元は着実に勢力を拡大しつつあるのだ。

グラフ5-1 中国の対イラン貿易（億ドル、1カ月計）

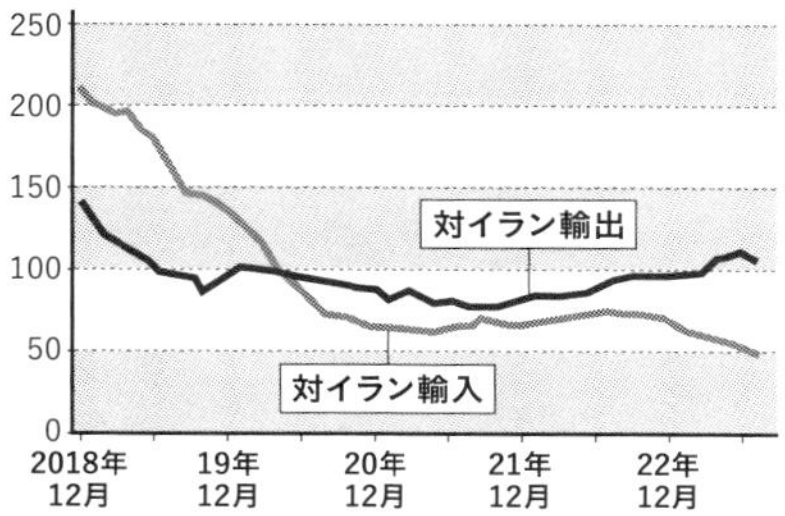

グラフ5-2 中国の対アルゼンチン貿易
（億ドル、12カ月計）

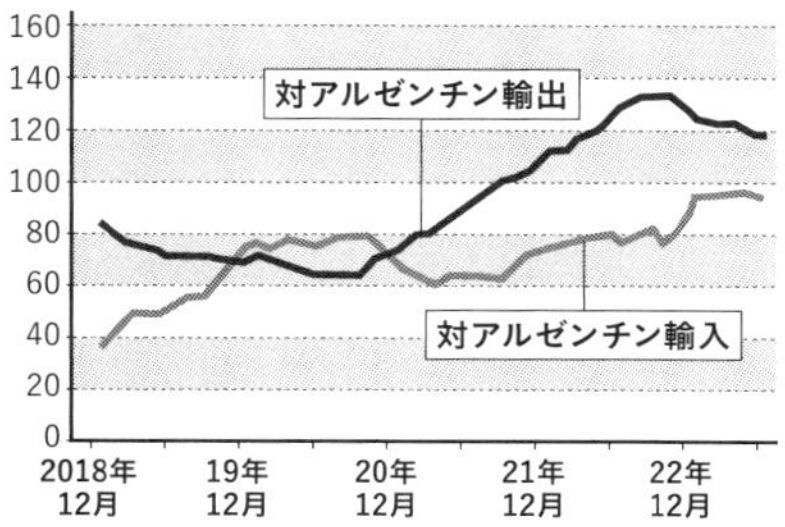

グラフ5-3 中国の対エチオピア貿易
（億ドル、12カ月計）

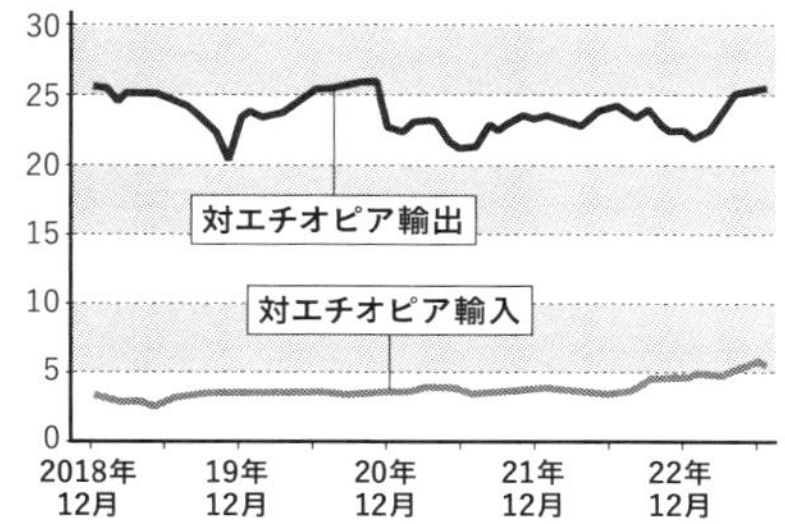

中国の対外決済の人民元化進む

二〇一八年七月に米国のトランプ大統領は中国からの輸入品に対して大幅な関税引き上げを実行し、それに中国も報復関税で応じる「貿易戦争」が勃発した。トランプが貿易戦争を仕掛けたきっかけは、中国から米国への輸入が増え、米中貿易での米国の赤字が膨ら

グラフ5-4　中国の対サウジアラビア貿易

（億ドル、12カ月計）

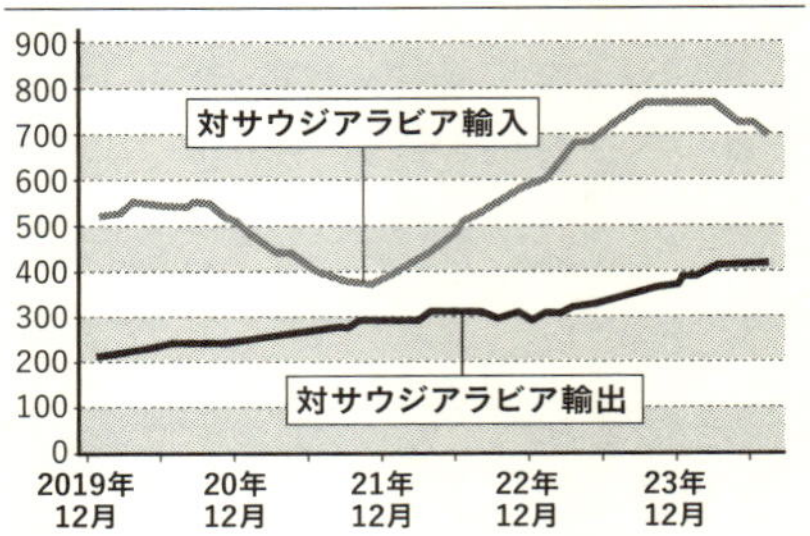

グラフ5-5　中国の対エジプト貿易

（億ドル、12カ月計）

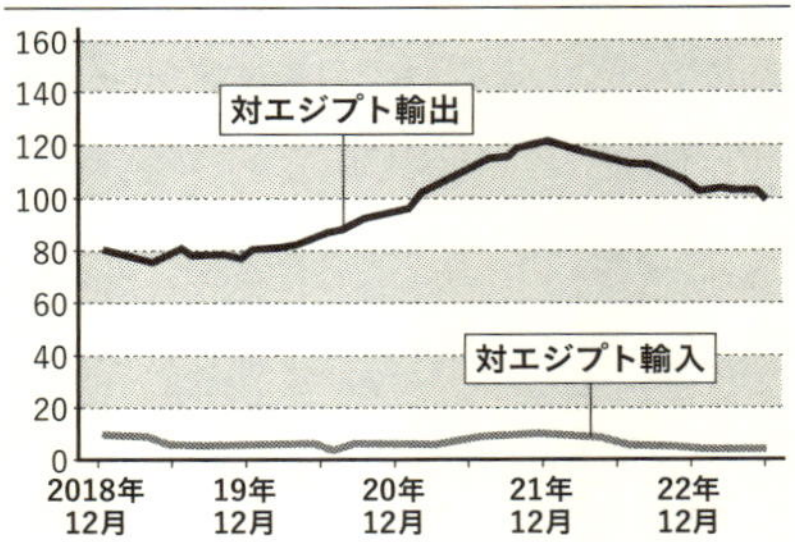

グラフ5-6　中国の対UAE貿易

（億ドル、12カ月計）

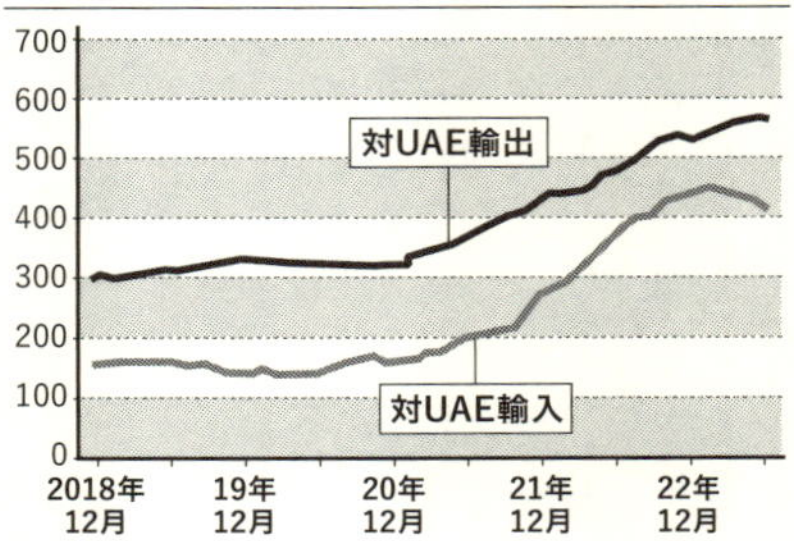

グラフ5-7　中国の対外決済通貨別シェア(%)と米国債保有額(兆ドル)

＊2024年は通貨別シェアは5月までの1年間計、米国債は4月末

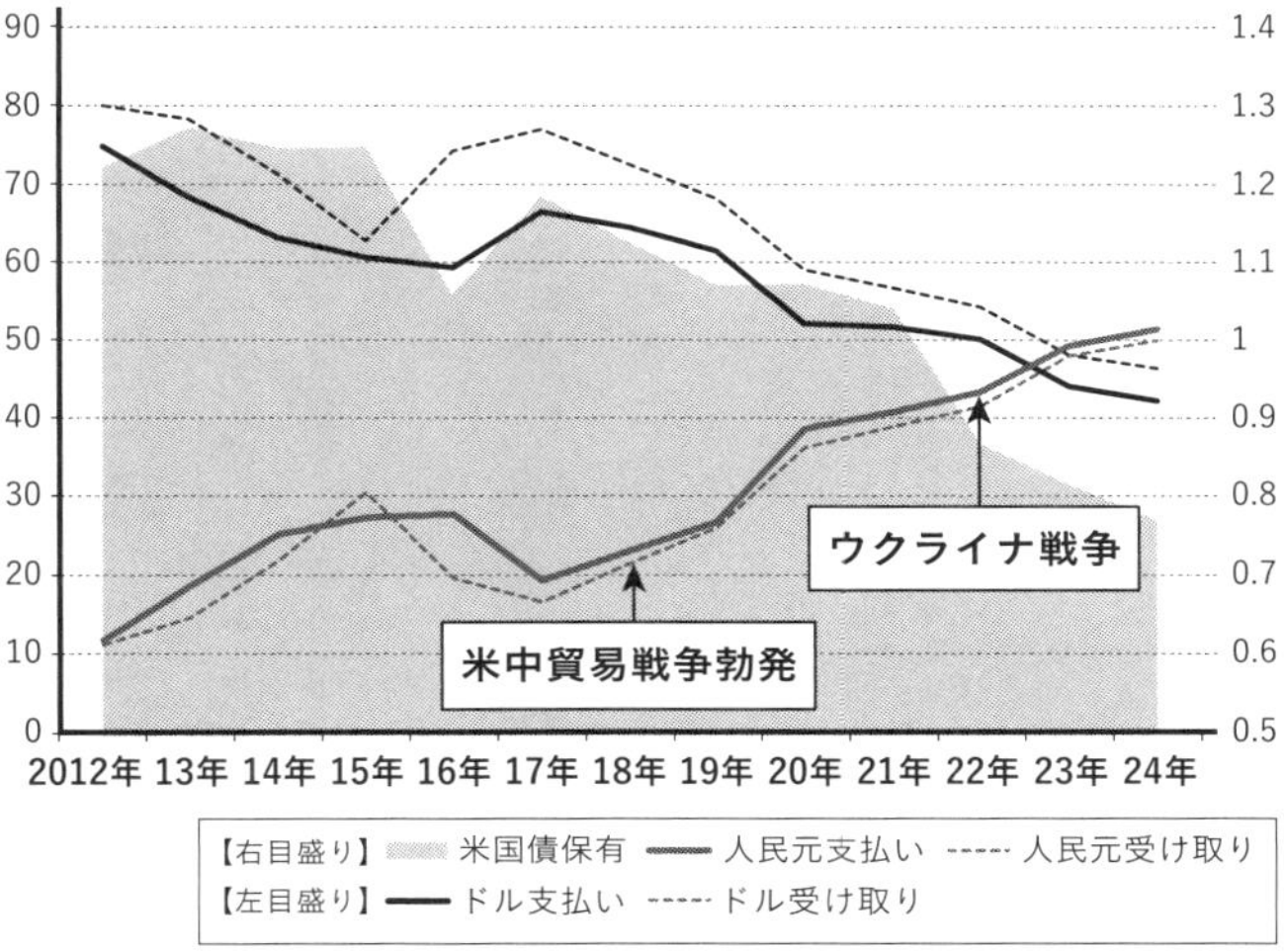

※データは中国外為管理局、CEICより

んできたからである。中国からの輸入を減らすために、トランプは大規模な追加関税措置に踏み切ったのだ。それほどに、中国の輸出力は強大になってきていた。

　この米中貿易戦争を機会に中国は、貿易や対外資金決済において人民元決済、つまり脱米ドルの動きを活発化させていく。グラフ5－7は、対外決済に使う人民元とドルの比率の推移である。

　米中貿易戦争後に、人民元での決済（支払いと受け取り）が増え、逆に米ドル決済が減っているのがわかる。脱米ドルが進んでいる。そして

二〇二二年二月のロシアによるウクライナ侵攻で、この動きは加速している。さらに二〇二三年には、人民元決済が米ドル決済を凌いでいる。

習近平が首席に就任した二〇一二年には、中国による対外決済の八割までが米ドルで行われていた。それが、習近平の時代に脱米ドルが進み、五割以上が人民元で行われるまでになっている。中国だけに限れば、脱米ドルは定着している。

中国が脱米ドルの動きを加速させれば、貿易相手国も、それなりに脱米ドルを進めることになる。それが進んでいることは、中国の人民元受け取りが着実に増えていることでもわかる。米ドルを必要としない、人民元で支払って、人民元で受け取る経済圏が出来上がりつつあるわけだ。

脱米ドルの障害は依然として大きい

中国は脱米ドルの動きを急速に進めている。しかし、それが世界中に広がっていくかどうかは疑問の残るところだ。

ほんとうの意味で脱米ドル、人民元が基軸通貨になる経済圏が出来上がるには、中国が介在しないで人民元が決済通貨として使われるようにならなければならない。日本とドイツの貿易において人民元で決済される、韓国とインドの貿易で人民元決済が行われる、そういう世界になれば、脱ドルの世界だと言える。

脱米ドルを実現し、人民元が基軸通貨になるためには、クリアすべき大きな条件がある。それは、人民元が自由化されていることだ。逆に言えば、人民元が自由化されていないことが、脱米ドル戦略にとっては致命的な欠点である。

変動相場制の米ドルや円は、市場での需給に応じて自由に価格が決まっている。しかし人民元は、二〇〇五年から「管理変動相場制」をとっている。

その特徴は、中国の中央銀行である中国人民銀行が取引のベースとなる「基準値」を公表し、それに対してプラスマイナス二パーセント内で変動率を制限して管理しているところにある。基準値は、前日の終値に、米ドルやユーロなどの動きを参考にして算出されていると中国人民銀行は説明している。しかし明確な計算式が公開されているわけではなく、そこには恣意的なものが入り込む余地があるとも言われている。中国当局の「思惑」によって基準値が動かされる可能性がある、というわけだ。

これでは透明性に欠けることになる。そんな通貨での取引はリスクが高い。人民元の相場が、需給とは無関係に中国当局の思惑で突然、下がってしまえば、負わなくてもいい損を抱えることになってしまう。そういうものを取引通貨には使えない。

中国が脱米ドルを加速させ、人民元を取引の基軸通貨にしたいのなら、まずは人民元の自由化が必要になってくる。人民元建ての大口資産の売り買いが中国を介さずに自由に行われ、その需給関係のなかで相場が決まるものでなければ、人民元を所有する魅力がない。手持ちの人民元を米ドルに替えたいときに売ることができ、そのタイミングで為替益が出るようなものでなければ、魅力に欠けることになる。管理変動相場制で、中国当局が相場や流通量を管理している人民元は、通貨としての魅力に欠けるのだ。そういう通貨は取引の基軸通貨にはなり得ない。

人民元が米ドルに代わって貿易の中心となる通貨、基軸通貨になるために、中国が管理変動相場制から変動相場制に早急に切り替えられるかと言えば、無理だ。それをやると、「中国崩壊」に繋がりかねないからだ。

人民元を自由に取引できる市場が中国外に出来れば、多くの中国人がそこに流れていってしまう。例えば、東京に人民元が自由に取引できるマーケットが出来たとする。東京では中国当局が中国人だからといって監視、管理することはできない。監視や管理が厳しい中国国内に暮らすよりも、東京で暮らすことを選択することになろう。

極端に言えば、中国国内に中国人がいなくなって空っぽになってしまう。それでは国が成り立たないので、中国は困ったことになる。だから、安易に変動相場制へ移行するわけにはいかない。

中国から中国人が逃げ出すことなしに脱米ドルを実現するには、中国国内での自由が保障されなければならない。そうすれば、中国国外に自由な人民元マーケットが出来ても、中国人が移動することはない。

ただし、その実現はじつに難しい。権力基盤の安定を狙う習近平は、中国国内の監視、管理体制の強化を強めてきている。そんな状況では、中国の変動相場制への移行は無理だという言うしかない。

さらに、中国が変動相場制に移行できない理由

中国が変動相場制に移行して困るのは、五ヶ年計画の策定ができなくなってしまうことだ。

五ヶ年計画とは、五年の期間で達成すべき目標と手法を定めた長期計画のことである。ヨシフ・スターリンの指導でソ連では一九二八年に始まった。急激な重工業化と農村の集

団化を柱とする社会主義国家建設計画だった。

これを参考に毛沢東の提起によって、中国では一九五三年に社会主義建設方針を具体化した最初の五ヶ年計画が開始された。ソ連の技術と資金の全面的な援助で実施され、農業・手工業を社会主義的な集団所有制に移行させ、資本主義的商業を廃止し、社会主義的な全人民所有制に変えていくことを目指した。文化大革命などの政治的混乱もあり、着実に成果が得られたかどうかは疑問なところも多いが、ともかく中国が社会主義建設を大方針としていることは、いまも変わらない。

この五ヶ年計画を策定し、実行していくためには、人民元の為替相場が大きく動くことは弊害にしかならない。

話が少し外れるが、岸田文雄政権は二〇二二年末、米政府の要請に応えるかたちで、二〇二三年度から二〇二七年度までの五年間で防衛費を四三兆円と一・六倍にする防衛力整備計画を閣議決定した。しかし円安が急速に進んでいるため、海外から調達する資材の値段は急騰し、予算規模は大きく膨らむ可能性が高くなっている。

人民元が変動相場制になっていれば、中国でも同じことが起きる。国家として取り組む五年間の計画だけに予算規模も大きく、人民元が変動相場制で為替リスクを負うとすれば、どれほどの影響を受けるのか計り知れない。

そもそも、為替リスクを前提にすれば、計画そのものが立てられなくなるはずだ。大幅に変動することなど、絶対にあってはならない。

為替変動の幅を管理し、必要とあらばコントロールできる管理変動相場制だからこそ五ヶ年計画が成り立つ。五ヶ年計画を基本にする方針を変えないかぎりは、人民元が変動相場制に移行することはないだろう。

変動相場制に移行できなければ、人民元が世界貿易での基軸通貨になることはできない。できるのは、人民元決済のできる人民元経済圏を拡大することだけだ。そこに西側諸国、とくにG７をはじめとする先進国まで取り込んでいくのは難問である。

第六章

習近平の巻き返し

成長の核

中国の成長を支えてきた不動産バブルが崩壊し、人民元経済圏を拡大するという野望も自由化できない人民元のために限界がある。党総書記・国家主席として異例の三期目となった習近平としては、ここで何らかの突破口を開かなければならない。そうしなければ、中国を衰退させた指導者として歴史に名が残り、自らの経歴を汚してしまうことになる。

習近平としては、不動産に代わる中国経済の〝核〟を見つけるしかない。それが、製造部門である。「世界の工場」とまで言われた中国だが、そこで製造されていたのは、謂《い》わば「汎用品」であり、中国でなくても製造できるものだった。安く大量に製造できる工場でしかなかったのだ。しかし経済が成長するとともに、労働コストも上がり、「安価」という中国製の強みは薄まりつつある。中国よりも人件費の安い後発の工業国がアジアなどにひしめいている。汎用品工場がこれからの〝核〟とは言いがたい。そのことに、習近平も早くから気づいていたようだ。

「中国製造2025（メイド・イン・チャイナ2025）」という長期経済計画を習近平が発表したのは、二〇一五年五月のことだった。中国建国一〇〇周年にあたる二〇四九年までの中国製造業の発展計画で、それは三段階になっている。

第一段階が、二〇二五年までに「世界の製造強国入り」することだ。そして第二段階が、二〇三五年までに中国の製造業を、「世界の製造強国陣営の中位に位置付ける」との目標である。そして第三段階で、二〇四五年には「製造強国のトップになる」としている。

そのために、「イノーベーション駆動」「品質優先」「環境保全型発展」「構造の最適化」「人材本位」という、「五つの基本方針」が示されている。「安かろう悪かろう」と言われてきた中国製品を「品質優先」にするというのだから、自国の問題点を冷静に分析したうえでの計画と言える。

「製造強国」は、これまでの「単なる工場」から脱皮し、最先端のものを製造するとの決意の表れである。「環境保全型発展」とは、いまだに二酸化炭素排出量がダントツで世界一位の中国が口にすると驚いてしまうが、世界的な潮流を読み外していないところは評価していいのかもしれない。習近平は、質の高い製造強国を中国経済発展の〝核〟にしようとしている。

そこに「待った」をかけたのがトランプだった。二〇一七年一月に米大統領に就任したトランプは、同年一二月一八日に公表した国家安全保障戦略で、中国とロシアを、米国の力と影響力、利益に挑戦して米国の安全と繁栄を侵害しようとする大国と表現した。脅威論である。

関税を引き上げる貿易戦争を仕掛けるほか、ハイテクを中心に中国を抑えつけていく。先に触れた二〇二〇年にファーウェイなど中国ハイテク企業五社を、米国の国防総省、連邦調達庁、航空宇宙局など政府機関の調達先から排除したことは、その典型と言える。

政府機関から排除されたら、民間需要にも大きく影響してくる。政府機関から排除されることは、米国政府が民間企業に「使うな」と言っているようなものでもあるからだ。政府機関に採用されるということは、それだけで大きな信用に繋がる。逆に排除されたものを、民間企業は好んで使ったりしない。

この中国脅威論による中国企業排除の方針は、次のバイデン政権にも引き継がれ、先端半導体、人工知能（ＡＩ）などの技術の対中輸出制限を強化している。習近平の「中国製造２０２５」にとっては、大きな障害である。ハイテクの市場と言えば、やはり米国である。その市場から実質的に排除され、先端技術を獲得できないようでは、技術発展にも影響してくる。自前の技術開発を急ぐしかないが、長い間、モノマネを得意としてきた生産風土は変えがたい。頼みの外貨も対中進出に腰が引けはじめている。ハイテクを中心とした製造大国を目指す習近平の目論見も狂わざるを得ない。

経済での権力も習近平に集中

二〇二四年三月五日に開幕した第一四期全国人民代表大会（全人代）第二回会議は、三月一一日に閉幕した。ここで注目されたのは、経済も含めて政策運営の舵取りが政府から党中央に完全に移ったことを印象づけたことだ。つまり、経済の舵取りも習近平の直轄下に置くということである。

李強が首相に選出されたのは、二〇二三年三月一一日の第一四期全人代第一回会議の場においてだった。その李強にとって第一四期全人代は、首相として臨む最初の全人代となった。しかし全人代閉幕後の恒例となってきた首相会見を行わず、特別な事情がなければ今後も行わないと三月四日に発表された。五日の政府活動報告の読み上げでも、李強首相は多くの部分を省略し、かけた時間は過去と比べて短かった。

中国において「経済の司令塔」とされてきたのは首相だった。それだけに、歴代首相は政府活動報告の読み上げにも力を込め、全人代閉幕後の首相会見も中国経済の行方を占う重要な発言があるため注目を集めていた。そうした役回りが李強首相から奪われ、「経済の司令塔」も習近平の直轄となったのだ。

中国の共産党員の間では、李強の前の首相が李克強で、彼は習近平によって追いやられ、暗殺されたという囁き話が絶えないことは前にも述べた。北京大学で経済学博士号を取得し、市場経済をよく理解している李克強は、習近平にとっては邪魔な存在だったからである。権力保持のためには、表舞台から下がった者まで消してしまうことも辞さないのが習近平だと共産党員たちはみている。

首相とは名ばかりで、習の番頭役に李強が甘んじているのは、そういう習近平の恐ろしさを知っているからに違いない。それほどの力を、独裁者習近平は持っているということだ。

「経済の司令塔」も独占してしまった習近平は、これから中国経済をどうしようとしているのか。習近平は、市場の自由化を恐れている。李克強を追いやったのは、彼が鄧小平以来の改革開放路線をさらに推し進めようとする考えの持ち主だったからだ。

習近平は、市場の自由化、民営企業の増長を恐れ、すべてを中国共産党主導でやろうとしている。つまり毛沢東時代に回帰しようというのが、習近平の路線なのだ。

二〇二三年一二月二六日は、毛沢東の誕生から一三〇年という記念すべき日だった。その記念行事が北京で開かれ、この席で習近平は共産党の歴史的役割を強調し、「中国式現代化による強国建設と民族の復興という偉業は、毛をはじめとする旧世代の革命家がやり残した事業であり、現代の共産党員にとって重い歴史責任だ」と演説している。

習近平は「中国式現代化」という言葉を頻発するが、中国共産党が主導する共同富裕、中華民族の〝偉大なる〟復興と理解すればいいだろう。それは「毛沢東がやり残した事業」であり、だから「自分が引き継いで完成させる」と言っていると受け取れる。だからこそ、鄧小平路線を引き継ごうとする李克強の存在が許せなかったとも言える。

習近平は、中国共産党の中央、つまりは習近平による指導体制の強化によって、何としてでも成果を挙げなければならない。そのために経済統計の誤魔化しや不動産バブルの隠《いん》蔽《ぺい》を図ろうとするが、これは独裁と言ってもいい習近平体制の成せる技でしかない。ただ隠蔽や誤魔化しには限度がある。そこでカギになるのが、崩壊した不動産開発に代わる成長の〝核〟である。

中国はＥＶ先進国を狙っている

「中国製造２０２５」を掲げた習近平は、製造のなかでもハイテクを中心に据えようとしたが、トランプの中国脅威論による中国ＩＴ企業の米国市場からの締め出しによって、その狙いは挫かれてしまった。即戦力として習近平が選んだのが電気自動車（ＥＶ）である。

世界のＥＶ界に目を向けてみると、じつは撤退や縮小が目立ちはじめている。アップルは二〇二四年二月二七日に開催された社内会合で、ＥＶ開発のプロジェクトの廃止を決めたと言われている。スマホ業界で圧倒的な人気を誇るアップル社の「ｉＰｈｏｎｅ」の売れ行きが鈍るなかで、同社は次なる事業の柱を模索しており、ＥＶをターゲットとしてプロジェクトが進行し、米シリコンバレーでは公然の秘密となっていた。

社内コードで「Ｔｉｔａｎ（タイタン）」や「プロジェクト１７２」と呼ばれていたアップルカーは、消費者にお披露目されることはなかったが、かなりの注目を集めていた。そのプロジェクトが廃止となったのだ。

ドイツのメルセデス・ベンツ・グループは、「二〇三〇年までに販売する全新車を純粋なバッテリー電気自動車（ＢＥＶ）にする」という計画を公表していた。しかし、二〇二四年二月二二日の同グループ決算会見で、オラ・ケレニウス取締役会長（ＣＥＯ）は「顧客に押しつけてまで、人為的に達成しようとするのは理にかなっていない」と述べて、計画の撤回を発表している。

こうした動きは、欧州勢ばかりではない。日本の自動車メーカーからのＥＶ事業縮小の発表が相次いでいる。

ホンダが米ゼネラル・モーターズ（ＧＭ）と進めてきたＥＶの共同開発を、二〇二三年一〇月に中止すると発表した。二〇二七年以降に量産し、世界で数百万台を販売する計画だった。ホンダは、「商品性と価格のバランスを取ることが難しくなったため」と理由を説明している。

日産自動車は二〇二四年五月二一日に、米国でのＥＶのセダン二車種の開発計画を一時停止すると発表した。同社は同年三月に世界でＥＶへの移行を加速させる計画を発表し、二〇二六年までに七新車種を投入する予定だった。それが、早くも見直しを余儀なくされたことになる。

この動きを見ていると、「ＥＶ人気は下火か」との見方も出てくる。

二〇二四年四月二三日に国際エネルギー機関（ＩＥＡ）が発表した「世界ＥＶ見通し二

〇二四」によれば、二〇二三年の世界のＥＶ（乗用車のみ）新車販売台数は前年比三五パーセント増の一三八〇万台となっている。これを見れば、ＥＶ人気は冷めるどころか着実に高まっているようだ。

『日経モビリティ』（二〇二四年二月一六日付）は、「マークラインズ（自動車産業調査会社）をもとにまとめた二〇二三年の世界シェア」としてＥＶの世界動向を報じている。それによれば、二〇二三年の世界シェアは、トップが米テスラで一九・三パーセント、続く二位が中国・比亜迪（ＢＹＤ）で一六・〇パーセントとなっている。前年比では、テスラの一・八ポイント上昇に対してＢＹＤは四・〇ポイント上昇である。

中国メーカーでは、シェアの五位に広州汽車集団、六位に吉利グループ、九位に上海汽車集団が入っている。中国メーカーの躍進ぶりが目立つ。ちなみにトヨタグループは二四位でシェアは一・〇パーセント、ホンダが二八位で〇・二パーセントである。

ただし、二〇二三年下期には、テスラはＢＹＤに首位の座を譲ったとの報道もある。中国のＥＶメーカーは、中国政府から手厚い補助金が支払われている。ハイテク企業育成を米国のトランプやバイデンに邪魔された習近平が、中国経済成長の牽引《けんいん》役としてＥＶを位置付けているからだ。政府による手厚い補助政策を利用して低価格を実現し、中国はＥＶ

市場で猛威を振るっている。

これに米国も黙ってはいない。二〇二四年五月一四日にバイデン米大統領は、中国製EVへの関税を引き上げると発表した。二〇二四年八月から関税は二五パーセントから一〇〇パーセントに引き上げられる。バイデンは「(中国に)不当に市場を支配させない」と述べ、補助金を使った中国の不当な競争を暗に批判している。

中国も猛烈に反発している。六月六日の定例会見で中国外務省の毛寧報道官は、世界貿易機関（WTO）で禁止されている補助金が中国のEVメーカーに支払われているとの見方を否定したのだ。

不動産バブルが崩壊して低迷している中国経済をEV主導で立て直し、世界市場制覇を目論む習近平は、米国に対して報復関税を適用しかねない。すると、休止していた米中関税戦争の再開となる。

中国製EVに警戒感を強めているのは、米国だけではない。二〇二四年六月一二日、欧州連合（EU）は、中国から輸入されるEVについて、暫定的に最大で三八・一パーセントの関税を上乗せする方針を発表した。その理由を、中国政府から不公正な補助金を受けている中国製EVが欧州の企業に損害を与える恐れがあるからとしている。基本的に米国と同じスタンスなわけだ。実際、ドイツでも輸入ＥＶのうち四〇パーセント以上を中国製ＥＶが占めており、ドイツ国内メーカーも警戒感を強めている。

米欧市場から締め出されると、中国製ＥＶが世界市場で順調に販売台数を伸ばしていけるかどうかが怪しくなる。関税引き上げで低価格という強みを削がれてしまうからだ。

中国製ＥＶは、すでに日本にも進出してきている。ＢＹＤは二〇二三年一月に日本市場での販売を開始し、二〇二三年には一四四六台を売り上げたというが、この程度の規模では見本のレベルにすぎない。さらにＢＹＤは毎年一車種の新車を投入し、二〇二四年三月の時点で五一ある販売拠点を二〇二五年末までに一〇〇店舗に増やして販売を強化する方針を発表しているが、苦戦が避けられない。

ＢＹＤのＥＶが「安いだけ」なら、この強気の方針は裏目に出かねない。ＢＹＤ製ＥＶの性能については、高く評価する向きもないわけではないが、日本の自動車ユーザーは概して外国製に懐疑的だ。しかも、中国製ＥＶは発火リスクが高いなど、品質に関する疑念が付きまとっている。

米欧の関税引き上げ攻撃を受けながらも、中国製ＥＶが世界市場を席巻したければ、ロシアや東南アジア、中近東、中南米を攻めるしかない。それでもＥＶは極寒・酷暑環境に弱い。加えて、給電ステーションが整備されていない地域での浸透には無理がある。

固《もと》より、ＥＶだけで中国経済を復活させることはできない。ＥＶに加えて太陽パネルや太陽電池など、すでに中国が世界市場で優位な競争力を築いている分野でも、さらに市場拡大を狙うのだが、これらも安値によるダンピング頼りだ。これでは、先に指摘したように「輸出貧乏」に陥り、経済の浮揚力は弱くなる。

外資を逃がさない戦略

第二章で詳述したが、中国経済の急激な発展は、改革開放路線で外資を呼び寄せることで成功した、と言っても過言ではない。鄧小平指導下の一九七八年一二月に開催された中国共産党第一一期中央委員会第三回全体会議で提出され、その後開始された対外開放政策が改革開放であり、外資の誘致を盛んに行った。経済特区を設け、国内企業に比べて大幅に低い法人税・関税率を適用するなどの優遇措置によって、外資を呼び寄せたのだ。外資がカネと技術を持ってくることによって、とくに中国国内の製造業は発展し、「世界の工場」と呼ばれるほどになった。外資が中国経済成長のエンジンだったわけだ。

しかし中国で生産する最大のメリットとされてきた低労働コストが、中国が豊かになるにつれて失われてきたことなどで、外資にとって中国進出のメリットが薄れてきている。不動産バブルの崩壊で国内景気が冷え込むなか、一四億人という世界一の人口を抱えるマーケットとしての魅力も小さくなってきた。

二〇二二年二月二四日にロシアがウクライナに侵攻すると、ロシアと親しい関係にある中国に対しても警戒感が増してきた。西側諸国によるロシアに対する経済制裁が中国にまで及んでくれば、中国で生産して西側諸国に輸出してきた外資の活動にも制限がかかる可能性がある。いわゆる「二次制裁リスク」である。それを不安視する雰囲気が急速に西側諸国の企業には広まっている。

それと、不動産バブル崩壊不況が重なって、外資による対中投資は減りつつある。二〇二四年二月一八日に中国の国家外貨管理局は、二〇二三年の国際収支統計（速報値）を発表しているが、同年の中国の対内直接投資額は前年比で八一・七パーセント減となっている。対中投資が劇的に減っているのだ。

当然、中国政府は危機感を募らせる。

中国政府は二〇二三年八月に、「外商投資環境のさらなる最適化と外商投資誘致の強化に関する意見」を発表している。そこには、外資融資チャネルの拡大などを盛り込んだ

「外資誘致の質の向上」や「外資系企業への内国民待遇の保障」「外国人投資保護の継続的強化」「財政・税制支援の強化」といった優遇策が並べられている。「アメ」で釣ろうとしているのだ。新たな外資を呼び込むほか、すでに進出してきている外資を撤退させない目的も、そこにはある。

中国人民銀行の潘功勝総裁は、「外国からの投資歓迎」という常套句での外資誘致運動を中心的に行っている人物だ。二〇二三年七月二五日に総裁に就任した潘は、ケンブリッジ大学とハーバード大学で研究経験があると言われるが、評価されたのは実務能力である。二〇一六年に国家外為管理局長に就任して資本逃避の抜け穴を封じたことが、習近平に認められたようだ。それだけに、習近平に忠実との見方も強い。

李強首相も二〇二四年三月二四日に北京で開催された中国発展フォーラムの席で、「我々はすべての国から中国への投資と基盤拡大の動きを心から歓迎する」と外資誘致をアピールしている。「必死な呼び込み」を、中国は外資に向けて行っている印象だ。それだけ、外資の新規誘致、逃避からの引き留めに危機感を持っているということだ。

中国が外資に向けて行っているのは、こうした「アメ」ばかりではない。同時に、「ムチ」も中国政府は振るっている。

第三章で触れたが、日本のアステラス製薬の北京駐在事務所幹部が、二〇二三年三月にスパイ容疑で拘束された。この幹部は駐在期間を終えて、三月二〇日に北京空港から帰国する予定だった。その日、空港に向かうために北京中心部のホテルをクルマで離れたのを最後に消息不明となり、北京市国家安全局に拘束されたとみられていた。日本政府は幹部の早期釈放を求めているが、一年が過ぎても拘束は解かれていない。具体的な容疑事実も、中国当局は明らかにしてはいない。

この幹部は北京駐在も長く、中国に進出する日系企業の団体「中国日本商会」の幹部も務めたことのあるベテラン駐在員だった。彼は日系企業からの中国撤退の相談に乗っていたと言われ、中国公安警察から目をつけられたようだ。

チャイナ・リスクが高まるなかで、中国進出どころか中国撤退を考える外資が増えている。中国政府はアメとムチを使って撤退を防ぎ、進出を促そうとしている。それも功を奏することなく、中国に進出する外資が減りつづけ、撤退も増えていく。習独裁体制が改革開放路線を破棄したことに伴う当然の結果とも言えるが、誰も習の専横を止めることができない。

中国から逃げる証券投資

中国から逃避しているのは、外資の直接投資ばかりではない。証券投資の逃避も深刻な状況にある。

ロシアのウクライナ侵攻が始まり、チャイナ・リスクが高まるなかで、二〇二二年四月から外資による対中証券投資の減少が続いている。証券投資が減ると当然ながら人民元の需要も減るわけで、証券投資減少と同時に人民元が売られることになって、人民元の対ドル相場も下がることになる。

そのまま放っておくと、金融危機へと突き進む。中国人民銀行は人民元防衛のために、ドル準備を崩してドルで人民元の買い支えをするしかない。それが功を奏して二〇二二年一一月からは人民元高に向かうものの、外貨の流入は大幅に減っている。人民元の買い支えには限界があり、再び人民元安に向かっている（グラフ6－1参照）。

二〇二三年八月初旬には、不動産バブル崩壊を背景にしたノンバンク大手の中植企業集団と傘下の中融国際信託の金融商品の元利払い停止が報じられて信用危機が表面化した。銀行を含め、金融市場全体に不安が広がれば、外貨ばかりでなく、中国の投資家の間に資

グラフ6-1　外国人の人民元資産保有と人民元の対ドル相場

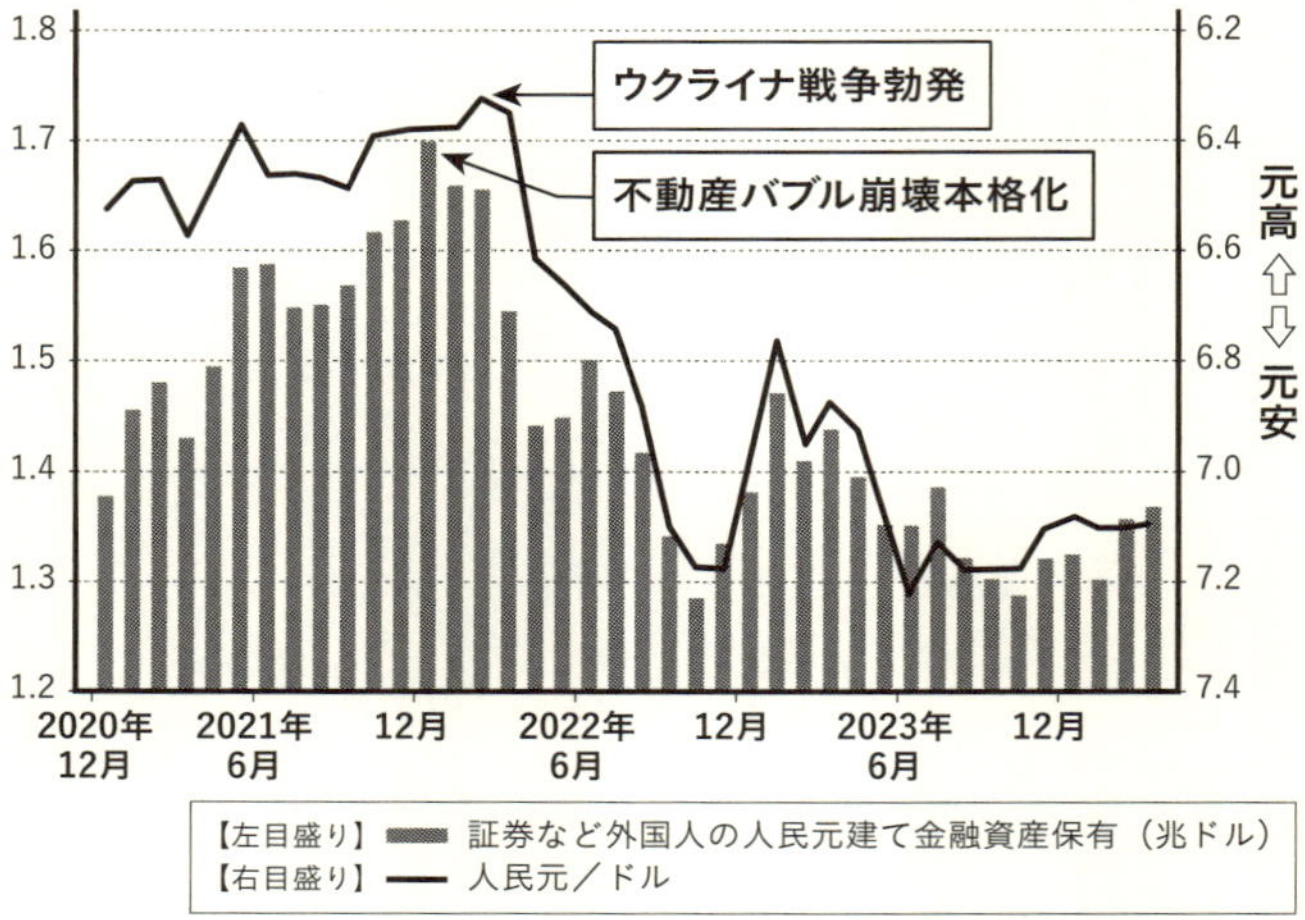

データ：中国人民銀行より

本逃避が加速する。それは中国経済の崩壊を招きかねない。

金融不安を鎮めるカギとなるのが、米国ニューヨークのウォール街である。言うまでもなく国際金融の中心地であり、中国への資金流入においても大きな役割を果たしてきた。それだけに中国の金融不安が深刻化すれば、ウォール街への影響も大きくなる。ウォール街としては、中国の金融不安に巻き込まれることを恐れている。

米国政府も動かざるを得ない。ジャネット・イエレン米財務長官は二〇二三年七月に中国を訪れ、中国の威圧的行為や非常識な経済慣行などについて懸念を伝え、是正措置を要求している。加えて中国人民銀行の易綱総裁（当時）とも非公式協議を行い、世界経済や米中経済について話し合っている。

じつは、このとき人民銀行副総裁だった潘功勝とも会っている。当時から実質的に中国人民銀行を率いているのは潘功勝だと言われており、潘功勝との会談がイエレン訪中の主たる目的だったと考えられる。その潘功勝は、七月二五日に総裁に就任した。

二〇二四年四月にも、イエレン財務長官は再び中国を訪問している。米国の財務長官が立て続けに中国を訪問するのは異例だ。

そして再び、中国人民銀行総裁となっていた潘功勝と会談している。報道の関心は貿易問題に集中していたが、中国人民銀行との金融問題についての協議が主体だったはずである。

イエレンが訪中したのと同じ二〇二三年七月には、一〇〇歳のヘンリー・キッシンジャー元米国務長官が訪中して習近平と会談している。キッシンジャーは同年一一月に死去したが、このときの体調は万全ではなかったと想像される。それにもかかわらず訪中したのは、よほどのことがあったと考えるのが自然だ。この会談でも、中国金融市場安定化のための米中協調が話し合われたのだろう。

さらに同年七月下旬には、米四大会計事務所の一角であるＫＰＭＧが、中国の金融不安の象徴にもなっていた中植企業集団の財務監査を引き受けている。米国の大手会計事務所が乗り出すことで金融不安を鎮めようという意図が米中双方にあったに違いない。

二〇二三年八月には、米金融資本最大手のＪＰモルガン・チェースが、巨額の損失を抱えて急落が続く不動産開発大手の碧桂園《へきけいえん》の株式を香港市場で買い増している。ＪＰモルガン・チェースの最高経営責任者（ＣＥＯ）であるジェームズ・ダイモンは親中派として知られているが、ただ親中だけで巨額の損失を抱えている企業の株式を買い増すはずがない。そこには米国政府による何らかの働きかけがあったはずである。

中国の金融不安に対する市場の動揺を鎮めるために、米国政府は立て続けに行動している。

もちろん習近平を助けるために米国政府が動いたわけではない。中国の金融不安が深刻化すれば、ウォール街に波及することは必至であり、自らを守るために米国政府も動かないわけにはいかなかったのだろう。裏を返せばウォール街を中心とする国際金融市場を揺るがせかねないほど、深刻な状況に中国金融、中国経済はあるということだ。

第七章

日本人を貧しくする中国マネー

中国人留学生を優遇する日本

「独立行政法人　日本学生支援機構」は毎年、「外国人留学生在籍状況調査結果」を発表している。二〇二四年五月に発表されたのが二〇二三年度状況なのだが、二〇二三年五月一日現在で日本に留学している外国人学生の数は二七万九二七四人となっている。うち中国人留学生が一一万五四九三人で、全体の四一・四パーセントを占めている。中国人留学生が圧倒的に多いのだ。

東京大学でも、この傾向は同じである。東京大学の発表によれば、二〇二三年一一月一日現在の外国人留学生受け入れ数は、五一〇六人である。一九九三年には一七三四人だったので、三倍近くにも増えたことになる。

そのなかで圧倒的多数を占めているのが、中国人だ。二〇二三年一一月一日現在で中国人留学生が全体に占める割合は六六・三パーセントで、三三八六人となっている。次に多いのが韓国人留学生で、全体の七・二パーセントの三七〇人である。中国人留学生の数がダントツというわけだ。

さらに細かく見ていくと、国費留学で博士課程に在籍している中国人留学生が八二人いる。私費留学だと、修士課程在籍者が一三一八人、博士課程在籍者が一三八一人もいる。

東京大学の発表では明らかにされていないが、そのほとんどが理系の研究室にいるのではないかと思う。こういう留学生の役割は、日本の研究成果を中国に持ち帰ることである。つまり、〝スパイ〟だ。

米連邦捜査局（ＦＢＩ）は二〇一九年に、「中国当局が中国人留学生に技術情報窃取のターゲットを物色させている」という懸念を報告書で公表している。親中路線が際立つドイツでも「中国人留学生が留学先の大学や研究機関でスパイ行為を働く危険がある」と、教育相が二〇二三年に大学に対して警戒を促す始末である。

多くの中国人留学生を受け入れている日本で、同じような懸念がないわけがない。日本に留学している中国人のなかには、日本の大学や研究機関による研究成果を盗み出して本国に渡しているスパイが存在する。

留学生を送り込んで西側諸国の研究成果を盗ませるのは、中国共産党が昔からやっていることだ。そうして入手した研究成果が、中国国内の技術向上に役立てられる。日本からも、かなりの研究成果が盗まれてきたはずだ。つまり、中国経済の急成長を、日本から持ち出された研究成果も支えてきたことになる。

にもかかわらず日本政府が中国人留学生を無警戒に受け入れているのが現実だ。スパイ防止法のない日本では、そうした中国留学生の行動は野放しにされ、言ってしまえば好き放題に中国へ持ち出されている。中国にしてみれば、技術力もありながら、情報は盗まれ放題の日本は、かなり利用しやすい存在に違いない。

中国人に買われる日本

「タワマン」とはタワーマンションの略称で、二〇階以上の超高層マンションを指している。東京都内中心部に次々と建設されているタワマンは、一戸あたりの専有面積が八〇平方メートルほどで、価格も三億円を超えるという。そういうタワマンは庶民にとっては雲の上の存在だが、購入するのは富裕層である。富裕層の住居がタワマン、という言い方さえできそうだ。

その都心部のタワマンを買っているのが中国人だということも、かなり知られるようになった。二〇一八年から二〇二三年までの五年間で中国人在住人口が五割も増えているのが、文京区、中央区、千代田区の三区である。この地域の中国人在住者が増えているのは、同地区で相次いで建てられているタワマンに入居する中国人が増えているからだとも言われている。

都内に住む中国人に聞いたところ、そうしたタワマンを買っているのは富裕層ばかりではないそうだ。多いのは、「中間層の上程度」の人たちである。円換算で年収一〇〇〇万円クラスの中国人が何億もするタワマンを購入している。しかも、日本は超低金利で、外国人でも住宅ローンを借りられるので、実質的な支払いは「現金購入」と変わらないのだそうだ。

日本の中間層の上程度の人たちが、何億もするタワマンを、しかも現金で購入するのはきわめて困難だが、中国人の間ではそれが起きている。

中国の現預金総量を日本円に換算してみると、二〇二二年一二月末で五〇五五兆円にのぼる。これに対して日本は、一二一二兆円である。現預金総量で、中国は日本を圧倒している。この豊富な資金が、日本に向かい、都心部のタワマンを買っていることになる。

習近平にしたら、そうした中国人の行動は許せないはずだ。せっかくの中国の富を日本に持ち出され、日本の建設会社や不動産会社を潤しているのだから愉快なはずはない。

実際、習近平は中国から富が持ち出されるのを嫌い、中国から持ち出せるのはひとりあたり年間五万ドルに規制している。一ドル＝一五七円で計算すると七八五万円だ。それくらいしか持ち出せないのに、どうして何億もするタワマンを現金で購入できるのか疑問が湧く。

そこには、当然ながらからくりがある。そのひとつが、「飛銭」だ。文字どおり、カネを日本など遠くに飛ばすのだ。なかでもポピュラーなのが中国人同士の「信用取引」である。

中国人Aが日本でのタワマン購入を考えたとする。中国人Aは中国国内には日本円にして何億もの資産を持っているので、タワマンくらいは余裕で買える。しかし手持ちの日本円は、タワマンを買うには少なすぎる。そこで中国人Aは、足りない日本円を日本に住んでいる中国人Bから借りる。そこで問題なのが、中国から持ち出せる金額は年間七八五万円までと、中国当局が厳しく規制していることだ。

一億円借りても、中国から一億円分の人民元を持ち出せれば、すぐに返済ができてしまうので問題はない。そもそも一億円分の人民元を持ち出せれば、わざわざ借金する必要もない。年間七八五万円分の人民元しか持ち出せないので、中国人Aの手元には日本円がないのだ。

中国人Bから一億円を借りて、毎年七八五万円を返していけばいいのだが、完済までにかなりの時間がかかってしまう。長い返済期間を中国人Bが了解してくれれば、問題ないのかもしれないが、同じ中国人とはいえ、そこまでの信用関係をつくるのは簡単ではない。返済期間中に何が起きるかわからないので、貸す側の中国人Bにとってはリスクが高くなってしまう。

ただし、中国人Aが中国国内で、一億円ぶんの人民元を、中国人Bの中国国内の銀行口座に振り込むのは問題がない。中国国内での取引を中国当局も取り締まっていない。中国人AとBの銀行預金口座があれば、日本での借金を中国国内で返済するのは簡単なのだ。カネの貸し借りには必ず担保が必要だったり、親戚同士でも滅多にカネの貸し借りをしない日本人の感覚からすれば、わかりづらいかもしれないが、人民元の海外への持ち出しを規制されている中国人ならではの知恵である。習近平は人民元の海外流出を規制しようとしているが、中国人の知恵によって簡単に裏をかかれていることになる。

この信用取引は、中国人のビジネス・コミュニティではよく知られていて、利用されてもいる。裏ルートで取引を仲介する中国人業者もいて、その仲介料は取引額の二パーセント以上だと聞いた。一億円を仲介すれば二〇〇万円が入ってくる。

そこまでして、中国人は国内からカネを持ち出す。不動産バブルが崩壊してしまった中国では、せっかくのカネを投資できる場がない。投資できる場を求めて、中国人は海外にカネを持ち出している。日本もそのひとつで、日本は中国人の草刈場になっている。タワマンを買い漁る中国人のおかげで、マンション相場自体が上昇しており、日本人は都内にマイホームを買うのに苦労しなければならない。日本人を苦しめて、中国マネーは日本で暴れまわっている。

中国を豊かにした日本の異次元の金融緩和

日本銀行（日銀）がマイナス金利を解除することを決めたのは、二〇二四年三月一九日のことだった。この日の金融政策決定会合で、マイナス〇・一パーセントの「マイナス金利」をやめて、〇〜〇・一パーセントにすることにした。日銀が利上げを決めたのは、じつに一七年ぶりのことだった。大規模な金融緩和政策が転換点を迎えたのだ。

二〇一三年四月からの大規模な金融緩和政策は、日銀の黒田東彦《はるひこ》総裁（当時）が「量・質ともに次元の違う金融緩和を行う」と説明したことから、「異次元緩和」と呼ばれることになる。

二〇二二年二月二四日にロシアがウクライナ侵攻を開始すると、世界的に物価が上昇していく。ロシアからの石油や天然ガスの西側諸国への供給が止まり、ロシアやウクライナからの小麦輸出も難しくなった。それによりあらゆるものがコスト高に見舞われ、それが価格に反映されたからだ。価格指数の継続的上昇がインフレ(インフレーション)だが、まさに、世界中がインフレになった。日本も例外ではなかったが、米欧などは需要が堅調なうえでのインフレである。日本の場合は需要が低迷するなかでのコスト・プッシュ型であり、物価が上がれば需要がさらに圧迫される。

インフレに対処するため、米国は金利の引き上げに踏み切る。二〇二三年五月三日と四日に開催された米連邦公開市場委員会（ＦＯＭＣ）で、連邦準備制度理事会（ＦＲＢ）は〇・五パーセントという大幅な政策金利の引き上げと量的引き締め（保有資産の圧縮）との両方で、金融引き締めを決定したのだ。さらに六月一五日には〇・七五パーセントの引き上げを実施し、七月にも〇・七五パーセントの引き上げを行った。

同じく欧州中央銀行（ＥＣＢ）も利上げに転換する。まず、金融政策を議論する六月九日の定例理事会で、それまでの量的緩和を七月一日で終了することを決める。そして七月二一日の会合で、〇・五パーセントの利上げを決めた。一一年ぶりとなる利上げだった。

米欧の対応からも、日本も利上げに動いてもおかしくない状況だった。しかし、日本は動こうにも動けなかった。固より、日本は米欧と違い需要不足からくる慢性デフレが続いている。物価が上がっても賃上げが追いつかない。この結果、家計は消費を減らさざるを得ない。なのに利上げすれば、ますます企業収益は圧迫され、賃上げどころではなくなる。こうして利上げは需要をさらに減らし、デフレ圧力を高めるのだ。

日銀の黒田総裁は、二〇二二年四月一一日に開かれた日銀支店長会議で、ウクライナ侵攻が資源価格などを通じて国内の経済や物価に及ぼす影響について、「当面、エネルギー価格が大幅に上昇し、原材料コスト上昇の価格転嫁も進むもとで、プラス幅をはっきりと拡大すると予想される。基調的な物価上昇圧力は高まっていく」という認識を示したうえで、「国際金融資本市場や資源価格、海外経済の動向などを通じて、我が国の経済・物価に及ぼす影響は極めて不確実性が高い」と述べている。くどくどとした言いかただが、要はデフレ経済のもとでのコストインフレに対し、利上げで対応するわけにはいかないのだ。

日本は低金利政策を継続する。その結果、日本と欧米、とくに米国との金利差は開くことになった。

それで何が起きたかと言えば、円安である。水は高いところから低いところに流れるが、カネは低いところから高いところに流れるのが国際的な資金移動の原則だ。金利が低いとところで運用するより、高いところで運用したほうが利益は上がる。円は一挙に売り浴びせられる。

二〇二二年一月には一ドル＝一一四円台だった円ドル相場は、ウクライナ侵攻開始直後の三月には一ドル＝一一八円台となり、欧米が利上げに踏み切ったあとの九月には一ドル＝一四七円台にまで急速な円安となった。

一二月になって黒田総裁は、「国債買い入れ額を大幅に増やしつつ、長期金利の変動幅を従来のプラスマイナス〇・二五パーセント程度から、プラスマイナス〇・五パーセント程度に拡大する」と発表した。金融緩和策のひとつとして抑えてきた長期金利の上限を引き上げる羽目になった。

ただし黒田総裁は、「利上げではない。（金融緩和の）出口政策とか出口戦略の一歩とか、そういうものではまったくない」と、異次元金融緩和の見直しを否定した。異次元の金融緩和策に変わりはない、と念押ししたことになる。取りあえず二〇二三年に入って円安の加速だけは止まった。

こうした円安騒動のなかで起きてきたのが、「悪い円安」論である。それに対して筆者は、一方的に「悪い」と決めつけることには反対する論陣を張った。なぜか。日本経済の最優先課題は脱デフレである。円安はそのデフレ圧力を緩和させられる。

日本国内は、大型消費税増税が招いた内需不振のためにカネが回らなくなって、デフレが続いていた。民主党の野田佳彦内閣時代の二〇一二年六月、民主党と自民党、公明党の三党による「社会保障と税の一体化改革に関する合意」が結ばれる。いわゆる、「三党合意」だ。ここで消費税を五パーセントから最終的に一〇パーセントにすることが盛り込まれる。

大型消費税増税は、間違いなく、税収を増やしたい財務省が仕掛けたことだ。メディアもこぞって消費税増税賛成を書き立てるなかで、筆者だけは『産経新聞』や雑誌『正論』などで増税反対の論陣を張り続けた。

結局、民主党から政権を奪取した安倍晋三総理（当時）が三党合意に押されて、二〇一四年四月からの消費税増税に踏み切ることになる。安倍総理は消費税増税に慎重だった。景気が少し上向きになっているときに消費税を引き上げれば、冷水をかけるのと同じで、景気を冷ましてしまうことを理解していたからだ。かといって三党合意を反古《ほご》にするには法改正が必要となる。現実的にはそれは難しいため、実施時期の延長も検討していた。

その安倍総理を動かしたのが、日銀の黒田総裁だった。「説得した」と言うよりも「脅した」と言うほうが正確だと、筆者はみる。

消費税増税をためらう安倍総理に黒田総裁は、「もし、予定どおりの消費税増税に踏み切らなかったら、日本国債暴落という『テールリスク』に見舞われる恐れがある。万が一そうなった場合、日銀としては打つ手がなくなる」と忠告した。「テールリスク」とは隕石が地球に衝突する程度のリスクを指す言葉で、それだけのリスクを持ち出すところに無理がある。財務官僚上がりの黒田氏は増税に執着する本省幹部の意向を受けて、詭弁を弄したと言わざるを得ない。「国債暴落の恐れ」まで、信頼する黒田氏に説かれるに至り、安倍総理は消費税増税実施を決断した。

大形消費税増税で日本は内需不振が加速する。異次元の金融緩和による資金は溢れ、高い金利を求めて国際金融市場に流出していく。日銀の異次元金融緩和とともに追加発行される日銀資金とほぼ同規模の資金が、海外に流れ出ていく。

追加発行した資金は二〇一二年末に比べて二〇一六年末は二九四兆円、二〇一九年末は三八一兆円、緩和のピーク時の二〇二一年末で五二五兆円増えた。

その間の日本の対外金融債権増加額はそれぞれ二八〇兆円、三九〇兆円、五五九兆円である。

グラフ7-1　日銀資金発行、日本の対外金融資産と中国の対外金融債務の2012年末比率増加額（兆円）

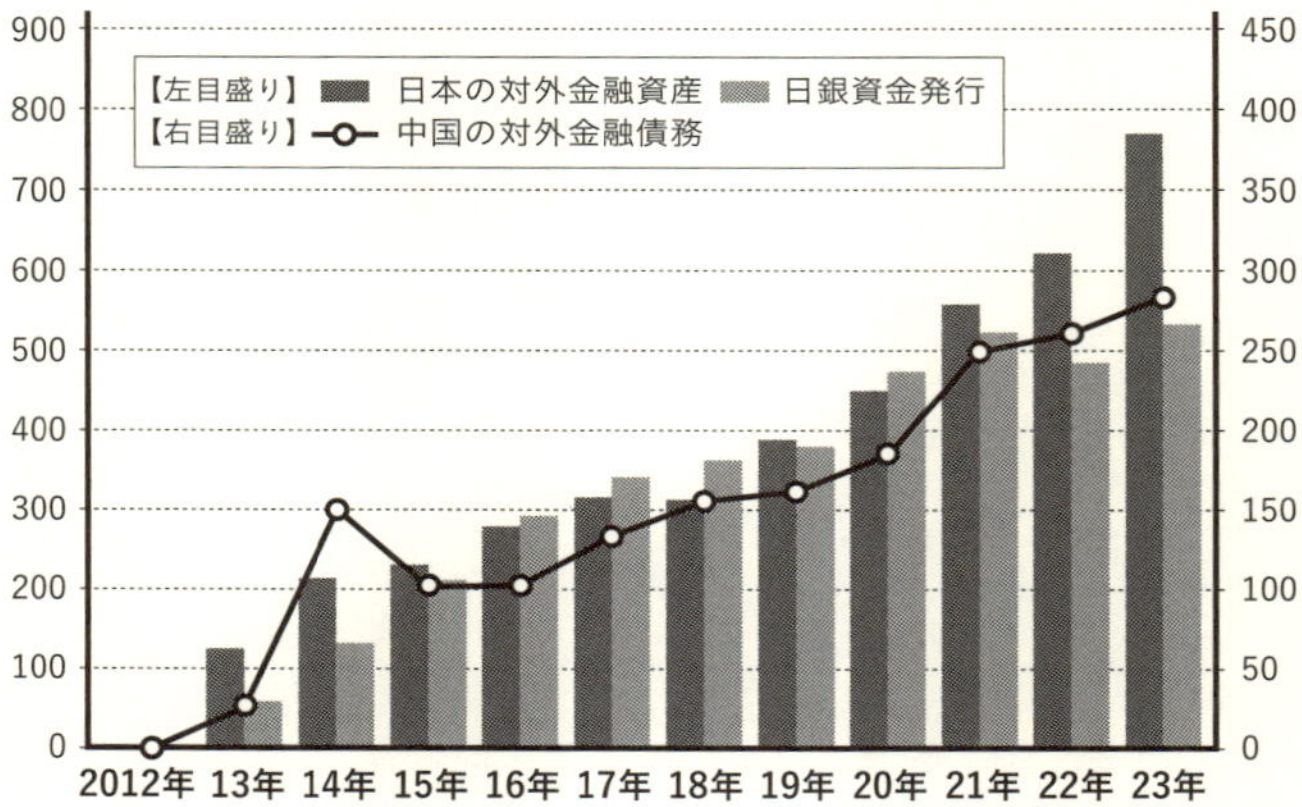

※データは日銀、CEICより

さらに注目すべきは、この間の中国の対外金融債務トレンドである。中国債務の増加規模は、ほぼ毎年、日銀資金の増量分の五割前後に相当する（グラフ7-1参照）。

これは国際金融市場のからくりからすれば当然の帰結である。日本から出ていくカネはドル基軸の国際金融市場、即ちニューヨーク、ロンドン、シンガポール、香港などに流れる。そして、ふんだんな日本マネーの流入を受けてドル金利を低めに抑えられる。そこで、国際的な投資ファンドはより高い投資収益が見込まれる中国に投資する。中国の企業や金融機関は国際金融市場からドル資金を調達する。つまり、グローバル化が進んだ金融の流れを経て、日銀資金は中国へと最終的に投じられ、中国経済を支えていく。

対照的に、日銀資金は肝心の日本国内では大して回らない。消費税増税によってモノ、サービスの需要が抑えつけられているからである。日本は貧しく、中国が肥るというのが、日銀異次元緩和のなせるわざと言えるかもしれない。

もっとも、中国は外貨の流入に伴う金融の拡張が不動産バブルを招き、二〇二一年末からのバブル崩壊不況へと繋がった。

デフレのために実体経済での資金需要に乏しい日本で円資金だけが突出して追加供給され、その大半が海外に押し出される。最終的な受け手が中国の不動産市場というわけだ。停滞する実体経済とはかけ離れた円金融の量的拡大は、巡り巡って中国の資産バブルへと繋がるのである。

悪い円安論への反論

二〇二二年半ばからの円安に、大多数のメディアは「悪い円安」論を展開していた。

円安が輸入コストをさらに押し上げ、企業収益を圧迫し、消費用の負担を増やすことになるので日本経済は冷え込む、との不安を煽っていた。そういう負の面を否定するわけではないが、その一方で、円安によるメリットも大きいことを忘れがちだ。

一九九四年度以降の円ドル相場と民間企業の設備投資の推移を見てみると、円相場の変動と設備投資は一時的な例外はあるにしても、総じて連動している。

技術革新など経済のダイナミズムを生むのは、なんと言っても設備投資である。設備投資と経済成長の好循環が生まれると、企業の先行き見通しが明るくなり、賃金も上がる。

日本国内の設備投資は、局面では横ばいかマイナスを続けていた。一九八五年九月のプラザ合意当時の円高局面では、例えば一ドルのモノを売れば二二〇円を受けとっていたにもかかわらず、同じモノを売っても一五〇円しか受けとれなくなってしまった。これでは設備投資どころではない。

日本企業は、円高の影響を受けないところでつくったほうが得だというので、生産拠点を海外に移しはじめた。その結果、日本国内の設備投資は横ばいかマイナスとなってしまった――ただしその後、二〇一二年末のアベノミクス導入で日本国内の設備投資は中小企業を中心に回復しはじめた（グラフ7－2参照）。

同じ時期に、中国国内の設備投資は、日本企業の進出も貢献して三〇倍にも膨らんでい

グラフ7-2　円ドル相場と民間企業の設備投資

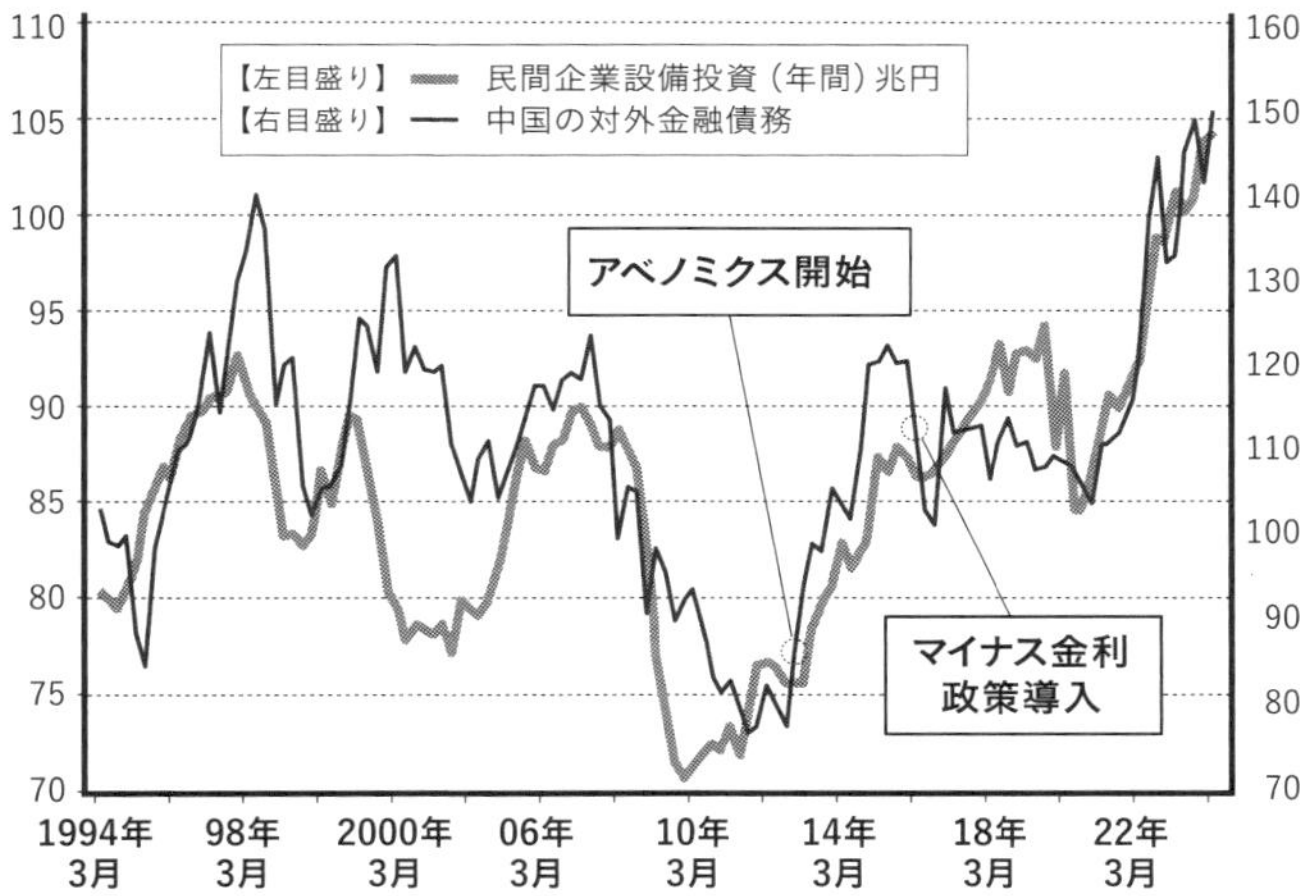

※データは内閣府、日銀より

る。中国経済の急発展を支えたのは、円高で中国に生産拠点を移した日本企業だった、と言ってもいい。

日本国内の設備投資にとって、円安は追い風になる。中国の人件費も上昇するなかで生産コストも上昇し、中国で生産するメリットは薄れている。そして中国に限らなくても、円安効果で日本からの輸出収益が拡大する。

実際、円安相場に転じた二〇二一年三月以降、日本国内の設備投資は増えているのだが、この担い手は中堅・中小企業である。

二〇二二年三月までの一年間だけを見ても、資本金一〇億円以上の企業では前

グラフ7-3　非金融法人の年間設備投資前年比
増減額（兆円）と円相場（円）

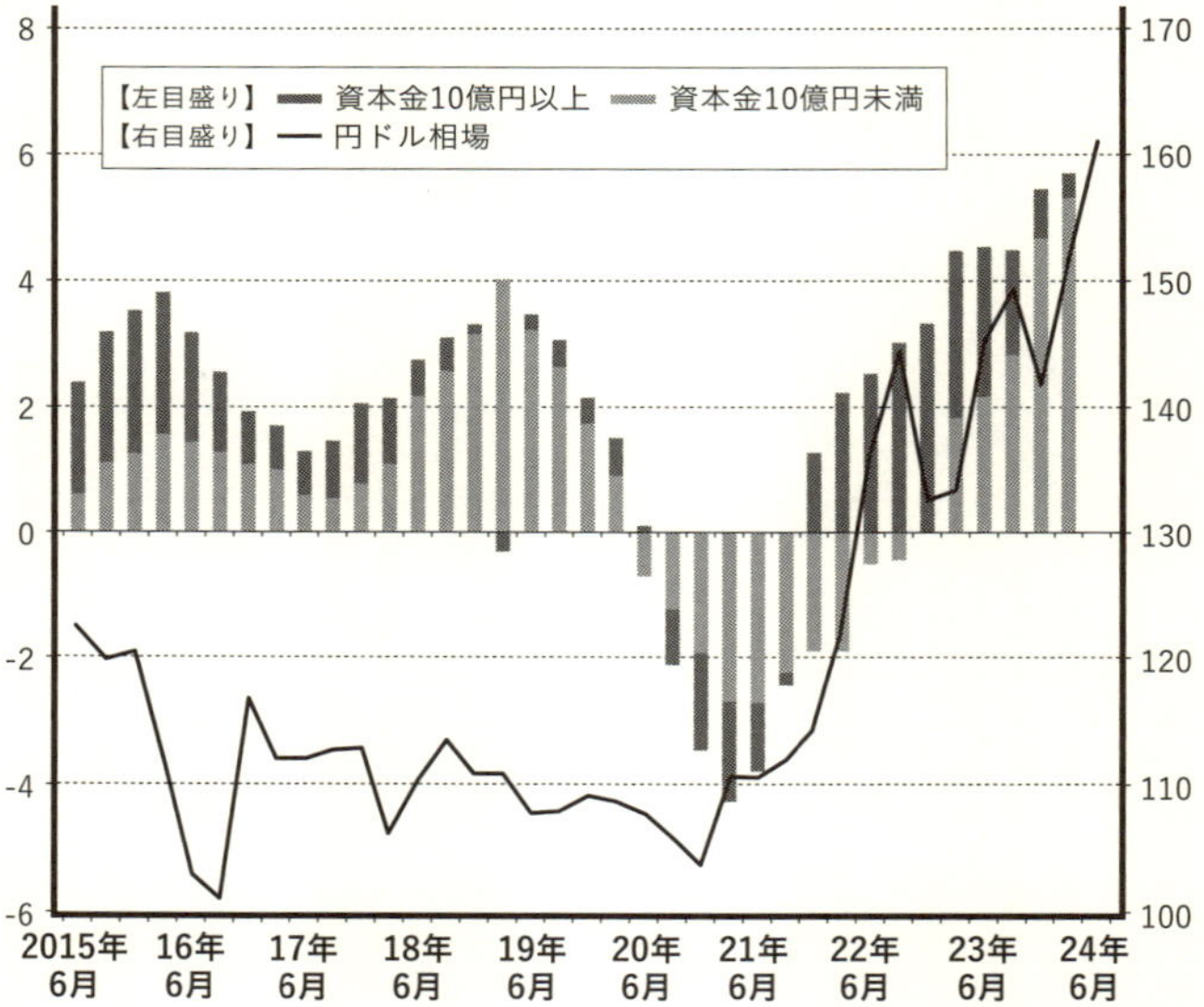

※データは法人企業統計、CEIC より

年比で五七〇〇億円の減になっているが、資本金一〇億円未満の企業では二兆一二〇〇億円増えている。差し引き、一兆五五〇〇億円の増である。

さらに二〇一四年以来の期間に広げてみても、一〇億円以上の企業は設備投資を抑制し、二〇二〇年以降になると大幅に減らしている。対照的に一〇億円未満は円安とともに設備投資を増やしている（グラフ7－3参照）。

なぜ、大企業は国内投資を渋るのか。トヨタ自動車など多くの大企業は海外各地の拠点で生産している。日本の本社は現地法人に部品、材料などを円建てで輸出、決済するので、円安のメリットは現地法人に回る。現地法人は製品売り上げ、収益をドル建てで計上する。本社はそれら現地法人、関連会社と連結して、グループ全体の売り上げ、収益を円換算する。

つまり、海外収益は円安、ドル高の分だけかさ上げされる。

自動車各社などが、二〇二二年以降の円安の進行のたびに、「史上最高益を挙げた」と報じられるのは、おもに海外拠点のおかげなのだ。

そんな構造のもとでは、大企業は海外拠点を縮小して、生産を国内回帰させる気にはならないはずだ。増産のための設備投資もデフレで需要の伸びが見込めない本国市場よりも、成長が見込める海外のほうがよい、ということになる。

もちろん、国内拠点からの完成品輸出はドル建てで収益を増やせる。円安を受けて海外を含めたグループ全体の収益が増えるし、現地で生産販売される製品の競争力は本国から円建てで調達する部品、材料が安くなるおかげで高まる。

国内中心の生産体制にしている中堅、中小企業は円安をテコに国際競争力を高められる。さらに、大企業からの注文も増えるので、設備投資に前向きになる。

繰り返すが、設備投資は経済を飛躍させる技術革新を生む原動力でもある。日本経済を再生させるほどの技術革新に繋がる設備投資は、やはり大企業が担わなくてはならない。円安は、その設備投資を促進するチャンスなのだが、前述のように多国籍化が著しい大企業は円安でもやはり海外を優先する構造が障害になるのが現実なのだ。

東証株価指数（ＴＯＰＩＸ）を構成する企業のなかで三月決算の一二九二社のうち七二〇社についてＳＭＢＣ日興證券が集計して公表したところによると、二〇二四三月期決算での純利益は前年比一四・三パーセント増の三三・五兆円となっている。純利益の総額は三年連続で過去最高だ。

この利益を国内の設備投資に向ければ、日本経済を間違いなく活気づけるきっかけになる。しかし大企業は、円安時に海外で増やした利益を国内に還元せず、海外に再投資している。こうした大企業の意識を変えなければ、いつまでも日本経済は再生できない。その大企業の意識を変えるのに絶対と言ってよいほど必要な条件は、政治の役割である。

大企業の中国べッタリ姿勢

日本経済団体連合会（経団連）と日本商工会議所、日中経済協会の三団体は合同で二〇二四年一月二三日〜二六日、北京に訪中団を派遣した。経団連の十倉《とくら》雅和会長、日本商工会議所の小林健会頭、日中経済協会の進藤孝生会長をはじめ、総勢約二一〇人という大訪中団である。

二五日には人民大会堂で李強首相と会談し、提言書を手渡した。その提言書には、外資に対する規制緩和や過度な輸出規制の見直し、コロナ禍で停止している短期ビザ免除の再開などが盛り込まれていた。さらに十倉会長は、「自由で開かれ、安全安心で予見可能なビジネス環境の実現に向けてリーダーシップを発揮してほしい」とも求めたという。

日本の大企業と中国とは、表向きは「日中友好」「共存共栄」なのだろうが、習政権による相次ぐ日本人拘束など、政治リスクが際立つ。しかもそれに加えて高まっているのが、経済リスクだ。不動産バブル不況下の過剰生産が代表例である。

世界一の総合モーターメーカーとして知られるニデック（旧・日本電産）は二〇二二年四月、浙江省平湖市の工場を当初予定の敷地面積から三倍以上となる二〇万平方メートルに拡張すると発表している。中国での電気自動車（ＥＶ）関連向けに歯車工作機械の需要が想像以上に伸びていることを受けての、拡張計画だった。

そのニデックも、二〇二三年一〇月二四日には方針転換の発表をしている。ＥＶ向けのモーターシステム「イーアクスル」の販売について、中国中心から欧米や日本への展開に方針転換することをあきらかにしたのだ。その理由について同社の会長兼最高経営責任者（ＣＥＯ）の永守重信氏は、「中国市場で競争している会社は赤字を垂れ流してやっている。価値を認めてもらえない競争はやるべきじゃない」と説明している。

同じ二〇二三年一〇月二四日、三菱自動車工業は、中国メーカーとの合弁事業を解消し、中国市場からの撤退を正式に決めた。現地生産を終了し、新車販売についても在庫がなくなりしだい終えることにしたのだ。

経団連などの経済団体は一刻も早く戦略の転換をしないと手遅れになりかねない。

第八章

中国に対して日本はどうすべきか

新「プラザ合意」の策動

中国税関総署が二〇二四年一月一二日に発表したところによれば、二〇二三年の中国の輸出入は、ともに前年割れした。これは、七年ぶりのことだった。

それでも貿易は、八二三二億ドルの黒字となっている。中国製品が他国の経済を脅かしている実態は、さほど変わっていないことになる。

こうした状況を、米国は以前から問題視してきた。そして大統領への返り咲きを狙っているトランプは、ほかの主要通貨に対する「米ドル切り下げ」による貿易促進を、選択肢のひとつとして考えている。その戦略を練っているのが、元米通商代表部（ＵＳＴＲ）代表のロバート・ライトハイザーである。第二次トランプ政権が誕生すれば、財務長官として入閣の可能性があるとみられている人物だ。

「米ドル切り下げ」といっても、ドル自体は世界の基軸通貨であり、物差しである。自らその目盛りを変えるわけにいかないから、他国に対し、ドル相場を切り上げるよう要求することになる。その主要な相手となるのが人民元である。二〇二三年から二〇二四年にかけて対ドル相場が人民元よりも安い日本円も巻き込まれる公算が高い。

ライトハイザーが考えているのが、「新しいタイプのプラザ合意」だと言われている。プラザ合意は、一九八五年九月二二日に、ドル高是正のために米国が呼びかけ、先進五ヶ国（G5＝日本、米国、英国、ドイツ、フランス）の大蔵大臣と中央銀行総裁をニューヨークのプラザホテルに集めて行われた会議である。この席で各国が協調して為替介入してドル安に持っていくことが決められたが、最大のターゲットにされたのは日本だった。

当時、日本は円安を背景に強大な輸出競争力を発揮し、対米貿易で大幅な黒字を稼ぎ、米国を苛立たせていた。このプラザ合意の主目的は円高誘導にほかならなかった。以後、日本はすさまじい円高に見舞われることになる。

プラザ合意が行われた日、当時日本経済新聞社のワシントン特派員だった筆者は、たまたまニューヨークに出張で来ていた。そうしたらニューヨークの名門ホテル、プラザホテルでG5の蔵相、中央銀行総裁が揃って記者会見会見を開くとの連絡が入った。G5蔵相・中央銀行総裁会議は秘密裡に開かれるのが恒例であり、記者会見は異例だった。

記者発表で衝撃的だったのは、G5が一斉に大がかりな市場介入をするということだった。為替相場が大きく動くきっかけになることは間違いなかった。

当時はドナルド・レーガン政権で、「為替市場は自由な変動に任せるべきだ」と主張する米財務省幹部のエコノミストが幅を利かせていたので、まさか介入などはない、と筆者は考えていた。筆者だけでなく、米メディアを含むすべての記者が同じようにみていたので、会見場は騒めいた。

じつは、そのヒントを事前に筆者にくれた人物がいた。日本の大蔵省（現・財務省）国際金融局の幹部で、プラザ合意の前あたりから急にワシントン出張が多くなっていた。ワシントンに来るたびに、彼は筆者に電話してきていた。「最近、よく出張があるね」と筆者が訊くと、「まあ、いろいろあってね」というのが彼の返事だった。そこに「何かある」と感じてはいたが、日米通商摩擦の取材など、超多忙のときだったので、つい聞きそびれてしまった。

彼にしてみれば、通貨交渉の情報を筆者が摑んでいるかもしれないと探りを入れていた可能性がある。あるいは、筆者にヒントを与えるつもりで連絡してきていたのかもしれない。

ともかく、極秘に次ぐ極秘の会合を重ねるかたちでドル安・円高への誘導を決めたのがプラザ合意だった。それと同じことを――第二次トランプ政権が誕生すれば――ライトハイザーは企んでいるというのだ。つまり、ドル安・人民元高だが、前述の通り円も巻き込まれるだろう。

しかし、その新しいかたちのプラザ合意に中国が応じる可能性は低い。プラザ合意で円高誘導されたために日本経済が惨憺《さんたん》たる状態になったこと、日本経済没落の原因であったことを、中国は研究しているからだ。日本と同じ轍《てつ》を踏むことを、中国は絶対にしないはずである。

繰り返し述べるが、中国の通貨制度は管理変動相場制である。中国人民銀行が毎日、人民元の対ドル基準レートを設定し、その日の変動幅を上下各二パーセントの範囲内に抑える。基準レートは通常、前日の終値を採用する。しかし、状況次第では、その慣行を無視した基準レートを採用することができる。

中国通貨当局はトランプ政権再発足になれば、ワシントンの出方に応じて基準レートを人民元高に小幅で切り上げて、妥協を図ることは十分あり得るだろう。

そこで、中国が駆け引きの材料に持ち出しそうなのが円である。ドル高が急進行しはじめた二〇二二年三月と比較した二〇二四年五月の対ドル相場は人民元が一四パーセント下落しているのに対し、円安幅は三一パーセントと二倍以上である。中国側は円安に比べると、人民元下落速度は緩いと反論し、人民元の狙い撃ちをかわし、米側の矛先を円に向けさせようと図るだろう。

それでも、対中強硬姿勢を露にするライトハイザーらは、人民元の基準レートを大幅に切り上げるよう求める可能性が皆無ではない。

例えば、プラザ合意後の円相場は一年間で六五パーセントも切り上がった。トランプ自身は二〇二四年の大統領選挙戦のなかで対中輸入関税率を六〇パーセント超にすると息巻いている。中国側としては、高関税に対しては米製品に対する高関税で反撃し、米農業界や輸出産業に打撃を与えられる。トランプ側は不利と見た場合は、人民元切り上げに重点を置くかもしれない。

いずれにしてもどうなるかは、秋の米大統領選の結果次第であり、関税か為替調整か、円を巻き込むかどうかは予断を許さない。

中国経済低迷と日本の安全保障

中国情勢を考察するうえで欠かせないのが、台湾問題である。これは、故安倍晋三総理が警告した通り、「日本有事」に転化しかねない。

二〇二四年三月一三日の全人代閉幕式で演説した習近平は、「強国の建設と民族復興に向け、我々の世代がなすべき貢献をしなければならない」と呼びかけた。そして科学技術力の向上による「自立自強」を訴えはしたものの、台湾については「何が何でも統一」といった強硬策は口にしなかった。とはいえ、習近平が台湾併合を急ぐ姿勢に変わりはない。

全人代が開幕した三月五日に政府活動報告を行ったのは首相の李強だった。『台湾独立』分離活動と外部からの干渉に断固として反対し、祖国統一の大事業を推進する」と述べている。従来の主張を繰り返しているのだが、注目されたのはこの報告で「平和統一」の「平和」が抜けて、「統一」という言葉が使われたことだった。

前年の全人代において当時の首相だった李克強が行った政府活動報告では、「平和統一」という言葉だったが、習近平の番頭役、李強は習の強硬路線をあからさまにした。李強の政府活動報告では「統一」とされ、「平和」のふた文字が消えていたのだ。

平和ではない方法、つまり武力による統一も辞さない。習近平は腹心の李強にそう言わせて、本人は黙る。

二〇二三年一二月二六日は毛沢東生誕一三〇周年の日で、記念座談会が行われた。そこで習近平は、台湾統一について「必ず実現する。いかなる方法であれ、台湾を中国から分離させることを断固阻止する」と表明している。

しかも、「偉大なる同志、毛沢東に誓った」うえで「いかなる方法でも」と言っている。毛沢東ですらなし得なかった台湾統合を実現し、永久国家主席の座につく。毛がそうだったように、絶対的な支配者として君臨する独裁者は権力の座から降りることを拒み、その維持のためには手段を選ばない。

全人代の閉幕式で、習近平は最先端技術を中心とする「自立自強」を訴えた。これに対して米国はますます警戒感を強める。中国への最先端ハイテク輸出規制を、民主党候補は固《もと》より、トランプが選ばれればさらに強硬な手段で規制してくることになるだろう。

とくに超微細加工の半導体については、厳しい規制が敷かれるに違いない。軍民融合戦略を唱えている習近平はあらゆる手を使って最先端半導体技術獲得を狙う。

その点、台湾は超微細加工半導体製造で世界最大のシェアをもつ。そこに、習近平が台湾統一にこだわる理由のひとつがある。中国経済が破綻寸前まできているいま、習近平にとって、大きな打開策のひとつは半導体王国の台湾併合なのである。

中国経済破綻の足音

不動産バブルが崩壊し、資産も人も海外への逃避が続いているなかで、可能性が濃厚なのは中国経済停滞の長期化である。

一般に、国家経済の破綻は、金融や株式市場といったマーケットが崩壊することで経済全体に影響が及び、一気に経済が立ち行かなくなる状態を指す。カネが回らなくなるためだ。

中国の場合は、人民元がじわじわと安くなり、株価がダラダラと下がりつづける。中国の金融は基本的に外貨準備に依存している。外貨流入の源泉は、貿易収支黒字、外国からの投融資である。ところが、最大の貿易黒字相手国、米国は対中関税の大幅引き上げで対中赤字の削減を図る。

対中投資の主力である米ウォール街の金融資本や大手投資ファンドは不動産バブル崩壊不況の中国市場に見切りをつけ、対中証券投資を引き揚げている。

西側企業の対中直接投資も二〇二三年は前年比八割減になった。中国での生産を続ける外国企業は新規の資本を本国から持ち出さず、現地で貯めた資本の再投下で間に合わせている。

さらに、習近平を悩ませているのは、中国本土からの資本逃避だ。習は大口資本の抜け道である香港市場を政治支配し、監視体制を強めているが、中国の富裕層や企業家はさまざまな抜け道を使って資産を海外に持ち出す。彼らの多くは共産党幹部の身内であり、特権を駆使できるからだ。

中国の個人の海外への資金持ち出しは年間五万ドル以内に限定されているが、日本など海外には、中国系の秘密送金サービス業者がいくつも存在し、数パーセントの手数料で大口資金の海外移転を引き受ける。

こうして、中国は一挙の金融崩壊は起きないが、先行きの回復の見通しが立たないまま、ずるずると市場の停滞が続くことになる。かくしてモノ・サービスの消費、投資で構成される実体経済でのカネの循環が細り、不況が慢性化する。

それを打開するのは、中国人民銀行による利下げと資金発行量の拡大による大規模な金融緩和だが、それには限度がある。外貨の流入が細っている以上、思い切った金融の量的拡大は不可能だ。ドル準備の裏付けのない資金発行は人民元への信用をなくしかねないからだ。

グラフ8-1　人民銀行外資資産の対人民元発行高比率 (%)

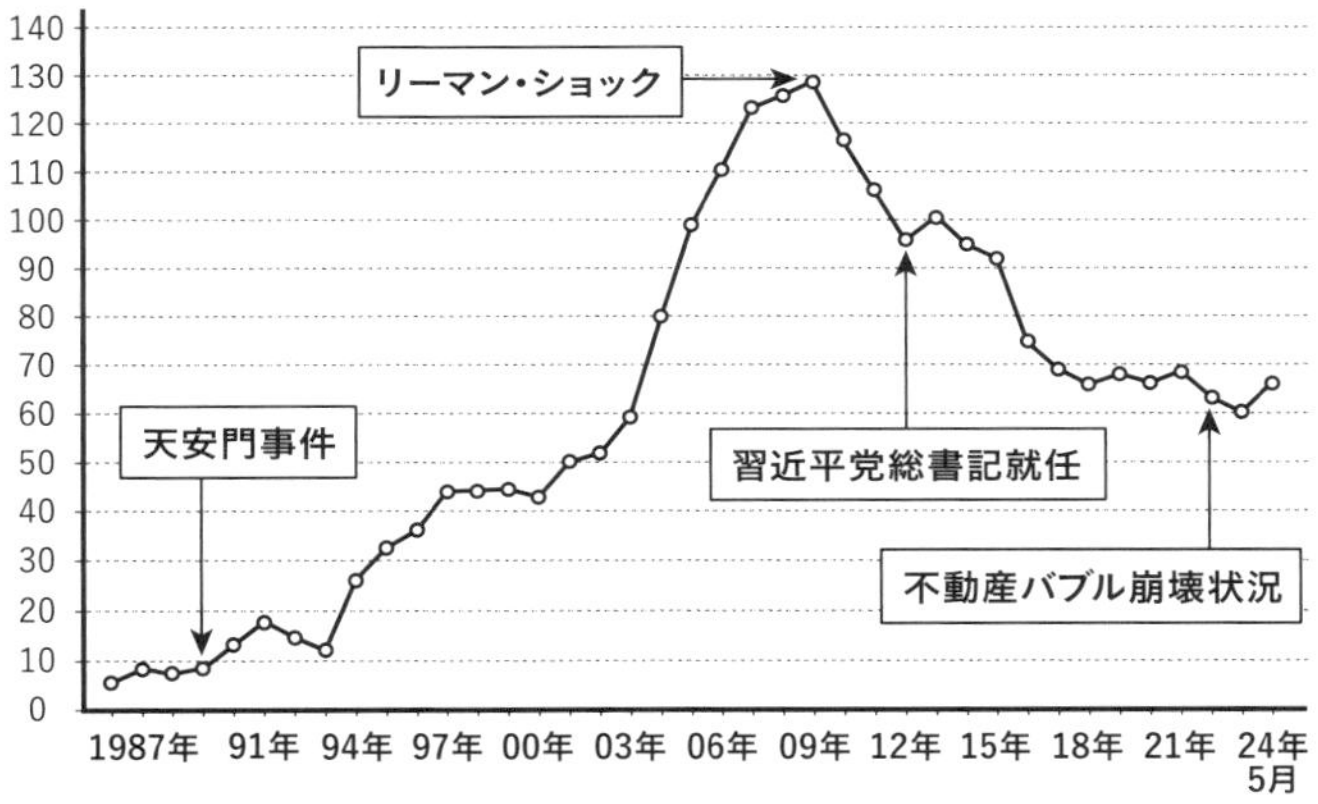

※データは中国人民銀行より

一九八九年六月の天安門事件の背景には高インフレで市民や若者の不満が渦巻いたことがあるが、当時の人民銀行は外貨資産の一四倍以上の資金を発行していた。

以来、党中央と人民銀行は外貨資産の拡張に努め、二〇〇八年のリーマン・ショック時には資金発行量の一・二倍以上の外貨資産を保有していた。潤沢な外貨のお蔭で、人民銀行の金融超緩和が可能になり、中央政府の大規模な財政出動、そして国有商業銀行の融資拡大を支えることができた。

ところが、人民銀行の資金発行に対する外貨比率は二〇一四年に一〇〇パーセントを切ったあと、下がりつづけ、二〇二三年には六〇パーセントギリギリの水準まで下がった

（グラフ8－1参照）。

人民銀行は六割を最低ラインと見ているようで、これまでも五割台に下がるのを抑えている。ということは、外貨流入が増えない限り、資金の増発を避けることになる。

人民銀行が資金発行量を抑制すると、中央政府は国債発行に慎重にならざるを得ない。人民銀行が国債を市場で買い取らないと、国債相場が下落し、長期金利の高騰を招くからだ。

しかも、党中央は伝統的に国債保有を最小限にとどめており、不動産バブル崩壊不況に突入した二〇二一年末以降、二〇二四年五月時点でも人民銀行の全資産に占める対政府債権の比率は三パーセント台にとどまり、五十数パーセントを占める外貨資産とは対照的である。

国債を野放図に引き受けて悪性インフレを引き起こし、国民から見放された国共内戦当時の国民党政権の失敗を教訓にしているのだろう。

いずれにせよ、人民元の信用の基礎は外貨資産である。それは人民元相場の崩落を回避できるが、財政出動や金融緩和を困難にし、不況を長引かせている。これが筆者の結論だ。

日本を含めた世界各国が中国経済破綻の影響を受けるとすれば、金融市場で連鎖反応が起きたときである。

中国を代表する株価指数である上海総合指数が大暴落したのは、二〇一五年六月一二日だった。五一六六・三五ポイントと年初来五九・七パーセント高の高値をつけたあと、暴落する。同年八月二六日には二九二七・二九ポイントで引けた。高値から四三・三パーセントもの急落である。

この暴落は、ニューヨーク市場やロンドン市場、そして東京市場を不安に陥れた。しかし、「ブラックマンデー」――一九八七年一〇月一九日の月曜日にニューヨーク株式市場で起きた株価の大暴落――の中国版と思わせたのは一瞬にすぎなかった。

上海市場での暴落は一過性で終わった。すぐに、中国の証券監督当局による「上場企業経営陣や大株主に向けた六ヶ月間の株式売却禁止命令」「売買停止銘柄を全銘柄の半分までの拡大（一三〇〇超）」「保険会社の株式投資上限引き上げ」「政府による国有企業への自社株買い要請」などの対処策を講じていったからだ。連日、中国当局による株式市場安定策は続いた。

対照的に、今回の二〇二一年末から続いている株安は慢性化し、終わりが見えない。

そんななか、株価対策を担っている証券監督管理委員会のトップだった易会満主席が、二〇二四年二月に突如、退任している。その理由を中国当局はあきらかにしていないものの、株安を理由に更迭された可能性が市場では囁かれている。

今回も、中国当局はさまざまな対処策を講じてきてはいる。株価の下落を加速させる「空売り」の制限を狙って譲渡制限付き株式の貸し出しを全面的に禁止し、機関投資家に株式投資の拡大を求めてもいる。それでも株式市場に活気は戻らない。

人民元も下がりつづけている。中国人民銀行は二〇二三年一一月以降、一ドル＝七・二〇元を為替相場に介入することで防衛してきていた。その一ドル＝七・二〇元の水準を、二〇二四年一月二二日に支えきれなくなり、下落した。

先に述べてきたように、人民元は完全な変動相場制ではなく、中国当局が為替相場の動きを一定の範囲に収めようとする管理変動相場制である。

二〇二四年四月中旬以降、人民銀行は管理を緩め、人民元を買い支えていた頻度を落としたようだ。

人民銀行が人民元安を許容しはじめたのかと言えば、そうではないだろう。人民元を買い支えるための財源、即ち外貨資産の流入が覚束なくなっているからだと推察する。介入したくてもできないのだ。

中国は株安でも、ニューヨーク証券取引所の株価は堅調だ。中国株安とは無関係に株価を押し上げる材料が米国にはある。

米国の半導体メーカー「NVIDIA（エヌビディア）」は生成AIブームのなかで業績を急速に伸ばし、二〇二四年六月一八日には、時価総額が約三兆三三四〇億円となり、マイクロソフトを抜いて世界首位となった。NVIDIAだけでなく米国のIT産業は技術革新の波に乗って成長が見込まれている。

さらに見逃せないのは、米国の国防費だ。二〇二三年三月に発表された二〇二四会計年度（二〇二三年一〇月～二〇二四年九月）予算で米国防総省予算要求額は、前年度比約三・二パーセント増となった。金額にして、約八四二〇億ドルである。

さらに二〇二五会計年度（二〇二四年一〇月～二〇二五年九月）では、前年度比一パーセント増の八九五二億ドル（約一三二兆円）だ。

二〇二四年度における日本の防衛費と防衛力強化関連経費の合計額は、約八兆九〇〇〇億円である。防衛費の「膨張」とメディアは騒いでいるが、米国の一五分の一でしかない。単純に比較するわけにはいかないが、米国の国防費の巨大さだけはわかる。

歴史的に見ても、戦争と金融市場は不可分である。戦争は巨額の資金が動き、軍需産業に集中する。米ウォール街と言えばグローバル市場投機の総本山だが、そのきっかけは、一八六一年勃発の南北戦争だった。

巨額の政府紙幣が発行されてばらまかれ、貨幣価値が下がるが、投機マネーは膨張した。投資家の熱狂は株式にとどまらず金、銀、銅など金属、小麦など農産物、原油など全商品に及び、先物取引が盛んになる。遠隔地でも相場情報をいち早く入手するための手段として電信網が全米に拡大した。

翻って、ウクライナ戦争が長引く現代はどうか。

当事国には容赦ない破壊と殺戮《さつりく》が降りかかる大災厄《だいさいやく》となり、支援国は国民を養うためのカネや資源が割かれてしまう。エネルギー、食料価格も高騰する。したがって景気にはマイナスであり、株式は「売り」だとする見方が一般には定着しているのだが、データを見ると実際には「買い」を誘っている印象もある。

グラフ8-2は米国の鉱工業生産総合指数、それを構成する分野のひとつである防衛・宇宙機器の生産指数とダウ工業平均株価について、各月までの一二ヶ月平均値の推移である。

防衛・宇宙機器生産は一九八〇年代末の東西冷戦終了後、大きく落ち込んだあと、二〇

グラフ8-2　米国の鉱工業生産総合指数、防衛・宇宙機器生産指数と米株価の各12ヶ月平均

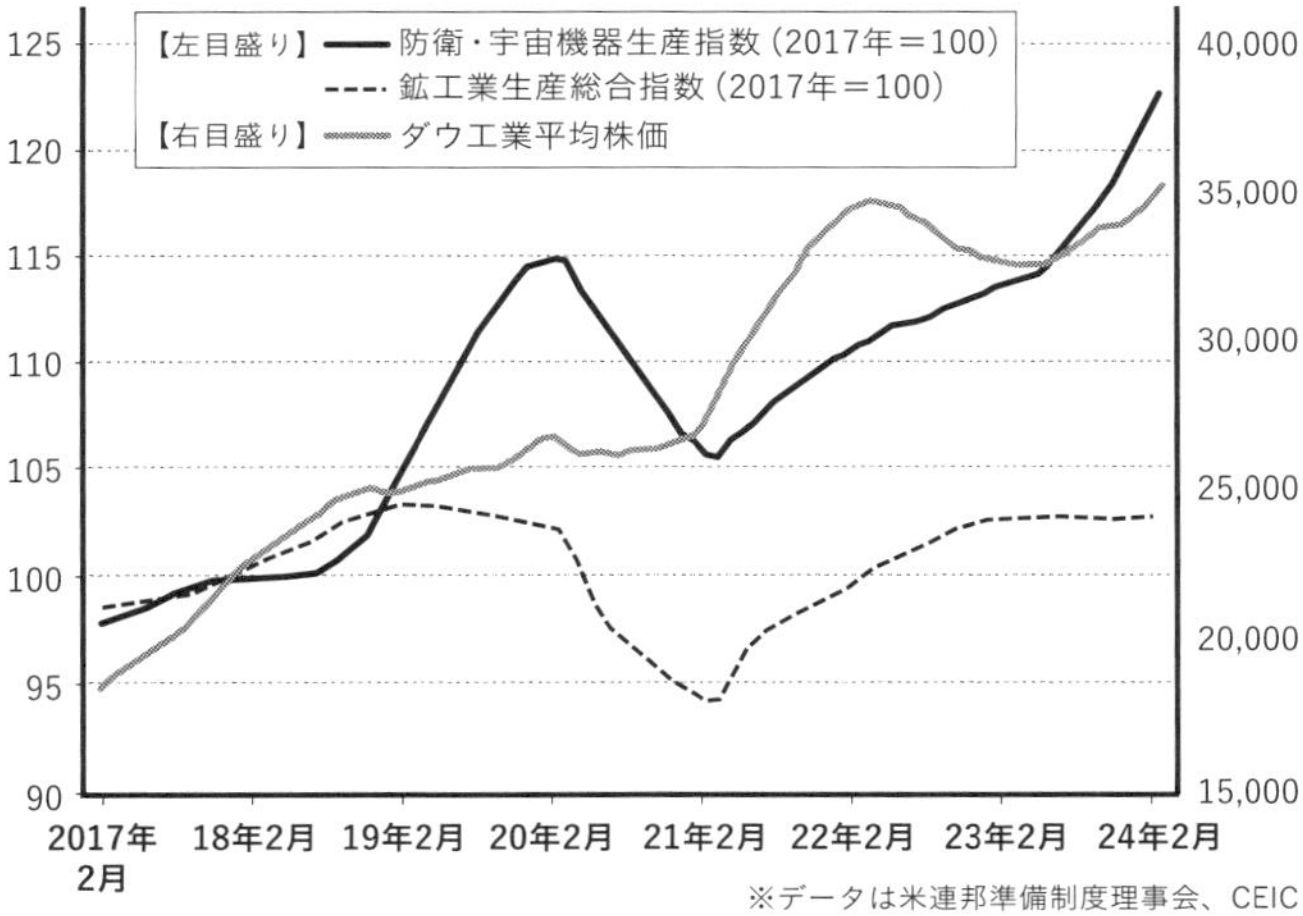

※データは米連邦準備制度理事会、CEIC

〇〇年代初めの「反テロ戦争」以降徐々に回復したあと、二〇一〇年代前半には再び下がった。その後二〇一〇年代後半には回復しはじめ、ウクライナ戦争勃発の二〇二二年二月以降はかなりの速度で上昇しつづけている。

これに比べ、鉱工業生産総合指数は二〇二〇年の新型コロナウィルス・パンデミック時に大きく下がったあと回復しているが、二〇二三年以降は横ばいで推移している。ウクライナ戦争のもとで防衛・宇宙機器生産が抜きんでて伸びているわけである。

株価のほうは総じて右肩上がりだが、二〇二二年二月以降はしばらく軟調になった。米連邦準備制度理事会（ＦＲＢ）による大幅な利上げが影響したが、二〇二三年一〇月に底を打って以来、上昇が続いている。ＦＲＢの利上げが一段落したことも株高の要因には違いないが、見逃せないのはやはり防衛・宇宙機器生産である。鉱工業生産全体の伸びが頭打ちになっているなかで、防衛・宇宙産業の生産が急拡大していることで、実体経済が支えられているかのようだ。

ちなみに、鉱工業生産に占める防衛・宇宙機器生産のウェイトは自動車生産の五割を超えている。軍需の拡大はウクライナ支援用の武器増産による。

ウクライナに限らず、軍民両用のＩＴ関連需要の高まりも防衛・宇宙生産を押し上げる。ＩＴなどハイテクを駆使するサイバー戦争の現代では人工知能（ＡＩ）を使う中国の台頭が目覚ましく、米国は警戒を高めている。生成ＡＩはいまやイノベーションの推進軸だが、ＡＩ用半導体で圧倒的な競争力を誇るのが米国の「ＮＶＩＤＩＡ」社であり、米国株の花形だ。

軍需が米景気を下支えし、イノベーションをもたらし、株価を押し上げる循環をつくり出している。

話を戻せば、すでに中国経済は機能不全に陥っている。共産党が土地、カネを支配し、土地の上に構造物を建て、固定資産投資主導で経済の高成長を達成する……そういうビジネスモデルは不動産バブル崩壊とともに潰えた。

迫り来るEVバブル崩壊

習近平は党主導の経済成長モデルを、不動産投資を中心とする固定資産投資から「新質」生産へと切り替えた。「新質」とは従来にはない製品の質という意味で、同じ製品分野であっても従来の構造とは異なるものを指す。

習がその代表に選んだのが電気自動車（ＥＶ）である。ＥＶは謂《い》わば巨大なスマホに車輪を着けたようなものである。プレスで一体成形した車体を、蓄電池、モーター、電子制御装置などを搭載した基盤にガチャンと嵌《は》め込んで、出来上がる。あとはソフトウエアで走行制御をするプログラムを装備すればＥＶ完成ということになる。

内燃機関（エンジン）に代わって蓄電池から供給される電気によってモーターで車輪を駆動する。内燃機関の在来車はエンジンと、そこから発生する力を車輪に伝えるトランスミッションが基幹部品になる――いずれも複雑で高度な機械加工技術が必要――が、ＥＶ

は不要である。

その核心機材はリチウムイオン蓄電池である。ＥＶメーカーにとってはリチウムイオン電池をいかに安く調達できるかが、競争力を左右する。習近平はそこに着目し、リチウムイオン電池の材料になる鉱物資源の独占を狙う。

習政権は政府補助金を集中的にＥＶとＥＶ電池に投入してきた。リチウムイオン電池とそのほかの部材の調達ができれば、ＥＶは比較的簡単に組み立てられる。補助金までもらえるとなって、文字通り猫も杓子もＥＶ分野に進出する。その結果、じつに一〇〇社以上がＥＶに新規参入し、凄絶《せいぜつ》なまでの過当競争が演じられているが、営業収益で黒字化を達成したのは中国メーカートップの比亜迪（ＢＹＤ）など、ほんの数社に限られる。

それでも、価格破壊競争は激化する一方だ。その台風の目になっているのがスマホ大手の小米（シャオミ）のＥＶデビューである。『日経電子版』（二〇二四年六月二八日付）によれば、上位車種である「ＭＡＸ」は最高速度が時速二六五キロメートル、航続距離は八〇〇キロメートルで、世界最大手の米テスラの高級車種「モデルＳ」を上まわる。しかも価格は安い。テスラの高級車種に比べて半額以下となるという。

小米は低価格、高性能のスマホで、米アップルや韓国サムスン電子の中国市場でのシェ

グラフ8-3　中国のEV輸出

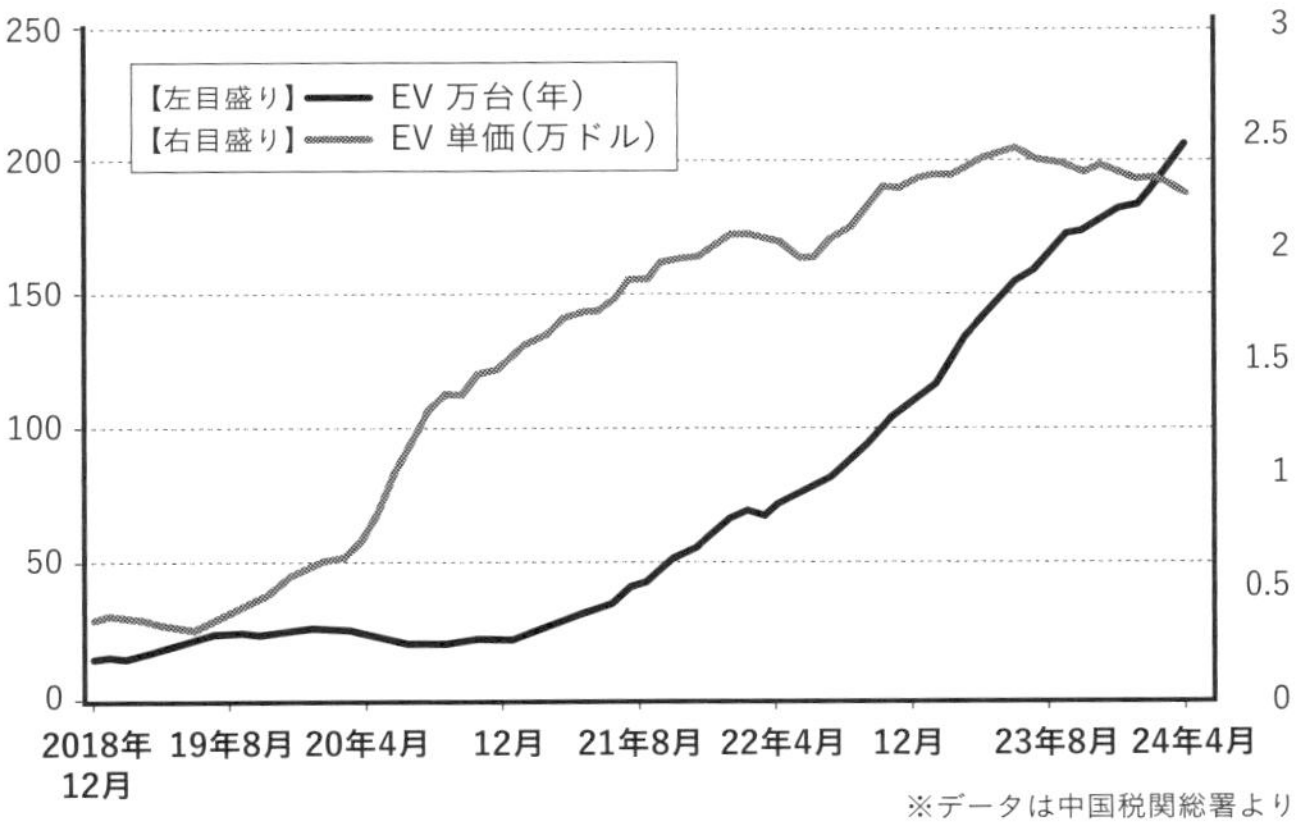

※データは中国税関総署より

アを奪ってきたが、今度はEV市場でも実践する。

米欧では、EVがガソリンなど内燃機関車を出し抜いて普及するようになるためには、一台あたり三万ドルを切ることが条件になるとみられているが、中国製EVの中国内価格は安いもので一〇万元（一・四万ドル）、最上位機種で五〇万元（七万ドル）で、価格引き下げ競争を繰り広げている。

中級以上の車種が多いEV輸出価格は二〇二四年五月までの一二ヶ月平均が二・二万ドルで、輸出台数は年間二〇〇万台を突破した（グラフ8－3参照）。

国際エネルギー機関（IEA）によると、世界のEV（プラグインハイブリッド車〔P

ＨＶ」を除く）の販売台数は二〇二三年には九五〇万台である。ＰＨＶを含むと一三八〇万台で、このうち中国市場販売は八一〇万台で米国での販売台数一三九万台を圧倒する。

中国側統計によると中国でのＥＶ生産台数は二〇二三年に六二三万台に上った。世界ＥＶ販売の六五パーセントに相当する生産規模である。

米国の経営学者、マイケル・ポーターによれば、国の競争力はその産業分野での企業同士の切磋琢磨《せっさたくま》、部品、材料などのサプライヤー、さらに顧客層の厚みが条件となる。この点、中国はＥＶメーカー間競争、サプライヤーと顧客の三つの条件を揃え、米欧日を圧倒する。

だが、そこには落とし穴がある。

まずは過当競争だ。採算を度外視し、一〇〇社以上が安値競争を繰り返す。その過大な生産能力はまさにＥＶバブルを思わせる。

『日経電子版』（二〇二四年四月二七日付）は「中国メディアによると、自動車各社や各地方政府の計画を合算した場合、25年の中国の新エネ車の生産能力は３６００万台規模に達する見通し」と報じている。新エネ車とはＥＶとＰＨＶに燃料電池車（ＦＣＶ）を加えるが、大半はＥＶ、ＰＨＶが占める。二〇二四年三月までの新エネ車生産台数は乗用車九五〇万台、商用車七六万台、合計一〇二六万台である。販売は乗用車九八九万台、商用車七五万台、合計一〇六四台で、生産とほぼ拮抗する。

それよりも生産能力が翌年中には二五〇〇万台以上上積みされるとは信じがたいが、とにかく、新エネ車への投資、増産意欲の物凄さだけは理解できる。

だが、そこに、強烈な逆風が襲いかかる。

ひとつは、二〇二一年末に始まった不動産バブル崩壊不況の出口がいまだに見えないことだ。EVを中心とする新エネ車メーカーの安値攻勢と政府補助によって、新エネ車の前年比伸び率は二〇二二年までは一〇〇パーセントを超えていたが、それが二〇二四年になると三〇パーセント台に落ち込んだ。ガソリン車など在来型の内燃機関車の伸び率はゼロ・パーセント前後で一貫して推移している（グラフ8－4参照）。

ふたつ目は、米欧からのEV過剰生産、安値輸出への強烈な反発だ。米バイデン政権は中国製EVに対し、二〇二四年八月から一〇〇パーセント関税をかける案を同年五月に官報で告知した。欧州連合（EU）は同年七月四日から四八・一パーセント関税の適用に踏み切った。

米国には中国メーカーのEVはほとんど入っていないが、先進国最大の自動車市場であ

グラフ8-4　中国の乗用車販売前年比増減率（%）

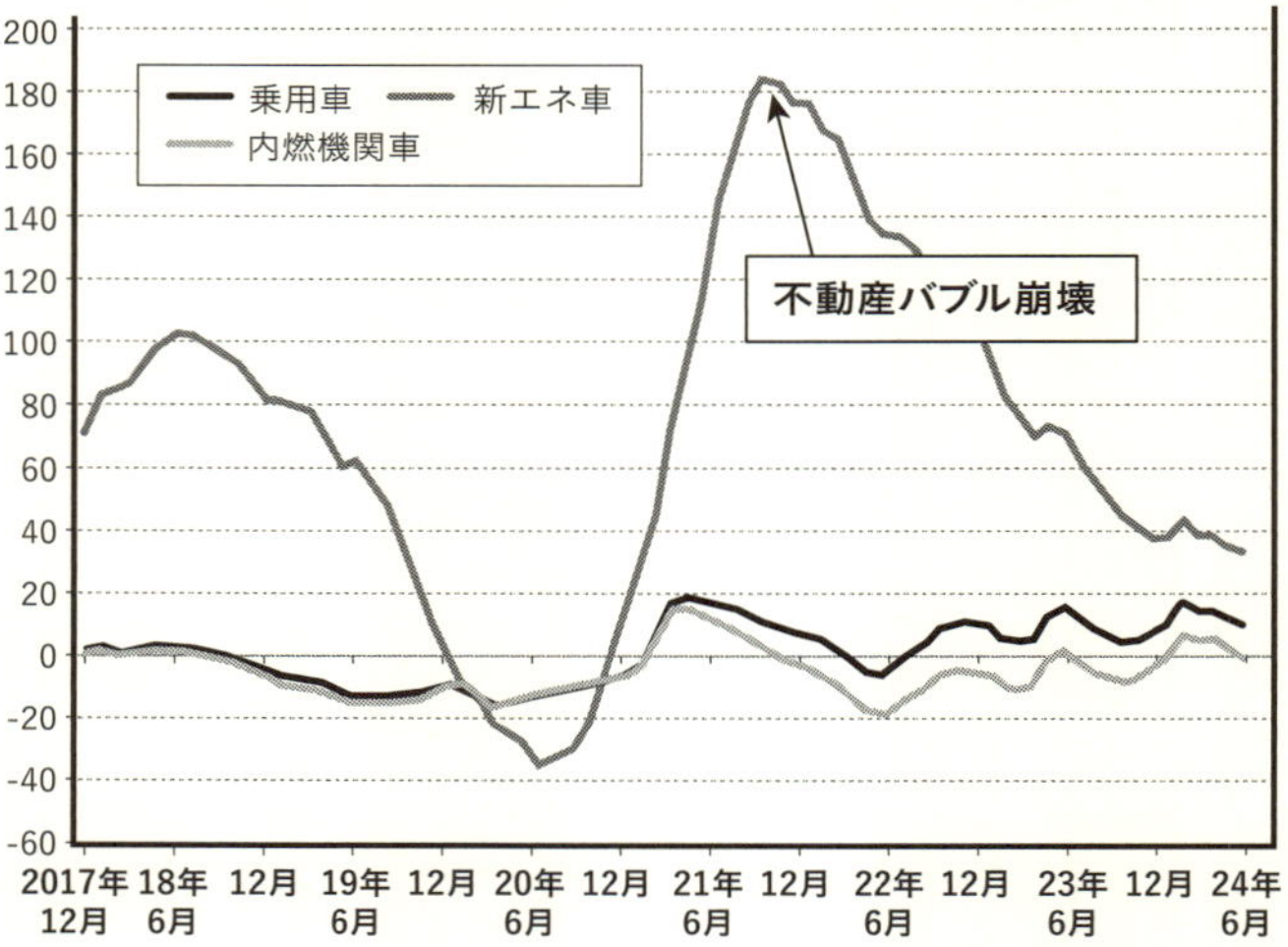

※データは中国自動車製造業協会、CEICより

る米国から中国製ＥＶはほぼ完全に締め出されることになる。

欧州市場も同じく、中国製ＥＶは圧倒的に不利になる。となると、残る過剰生産能力のはけ口は日本や東南アジア、ロシア、中近東、アフリカなどに限られるが、まずＥＶの給電ステーションというインフラは多くの国・地域では未整備だ。さらに砂漠や極寒、酷暑という条件にＥＶ車は耐えられない。中国製ＥＶは不動産バブル崩壊の二の舞になりかねないのだ。

習近平は、不動産バブル崩壊不況に対し、財政、金融政策による回復策がとれない。外貨流入に依存する通貨金融制度が障害になっているからだ。

そこで生産に目をつけ、ＥＶやＥＶ搭載バッテリーなどに投資、増産の大号令をかけている。しかしそこに待ち受けるのは過剰生産による企業倒産の続出である。

中国不況の打開策は見当たらず、国内総生産（ＧＤＰ）統計を水増しし、見かけを良くして国民や世界の目を誤魔化すしかないが、それも長続きはしないだろう。

不況長期化の結果、中国の政情がどうなるかわからないが、筆者の耳に入ってくるのは上海など大都市部の中間層や若者たちの習近平独裁体制に対する不満の声だ。二〇二四年六月末新卒の大学生は一〇〇〇万人を超えるが、六月末現在で半数以上が就職先を見付けられないでいる。

二〇二四年六月二四日に蘇州で日本人学校スクールバスを襲ったのは、農村部出身の出稼ぎ労働者だが、職が見つからずに精神状態がおかしくなっていたと、蘇州の知り合いは言う。今回の不況は改革開放路線が始まって以来、最悪かもしれない。長期化し、不動産バブル時の繁栄の日々とはあまりにも落差が大きい。

台湾、尖閣諸島有事とチャイナ・リスクは高まることはあっても、下がることはない。日本企業は中国市場に見きりをつけるべきだ、なるだけ早いほうがよい。

助け船を出す日本

中国経済は破綻しつつあるというのに、先にも述べたように経団連を中心とする日本の大企業は親中国の方針を変えようとしない。外務省も岸田文雄政権も静観の構えである。

北京の天安門広場で、デモ隊に対して中国人民解放軍が発砲するなど実力行使し、多数の死傷者を出した事件が、一九八九年六月四日の天安門事件である。この事件でも、日本は親中国の姿勢をとっている。

二〇二〇年一二月二三日に公開された外交文書には、天安門事件当日に、中国政府が学生や一般市民を武力鎮圧して多数の死傷者を出したことは人道的見地から容認できないと指摘する一方で、「西側諸国が一致して中国を弾劾するような印象を与えることは、中国を孤立化へ追いやり、長期的、大局的観点から得策ではない」として各国が一致して中国に制裁措置を行うことには「反対する」と明記されている。

日本が中国に助け船を出したわけだ。中国との関係を壊したくないという、当時の日本政府の露骨な姿勢の記録であり、いまだにその基本路線は変わってはいない。

この天安門事件から三ヶ月後に筆者は、新聞協会のミッションで中国に行った。そのとき大連市の薄熙来《はくきらい》副市長が夕食に招いてくれて、筆者の席が薄熙来の隣だった。彼は英語が話せ、頭脳明晰《ずのうめいせき》、訊かれたことには即応してくるので、筆者との話が弾んだ。

その席で「天安門事件はなぜ起きたのか」と訊ねたら、彼は「あれは権力闘争だ。文化大革命がそうだったように、権力闘争であり、力が弱ければ敗れる」と言った。つまり、民主化を求める動きと封じる動きのぶつかり合いだと思われているけれども、自由や民主主義というのは大義名分で、権力闘争のための方便でしかなかったと突き放したのだ。

薄熙来という敗北者

薄熙来は当時四〇歳、若さいっぱいで野心満々、自身の吐いた言葉通り権力闘争の階段を駆け上がっていき、数奇な運命を辿ることになる。二〇〇二年一一月に党中央委員、二〇〇四年に中央政府商務相、二〇〇七年一〇月、党中央政治局委員、同年一一月に重慶市党委員会書記に就任した。

薄は外資導入によって超高度経済成長を達成、同時に低所得者向け支援を行い、大衆の人気を得た。そして大衆を動員し、毛沢東時代の革命歌を歌わせる政治キャンペーン、さらには犯罪組織一斉検挙キャンペーンである「打黒」を展開した。

経済実績と大衆人気を背景に、そのまま二〇一二年秋、五年に一度開かれる党の最高幹部を選ぶ党大会で、党中央政治局常務委員の座を確実にしたかのように見えた。党最高権力者である総書記は、常務委員のなかから選ばれるのだから、薄の闘争の総仕上げである。

ところが、勝負年に運命は暗転する。

薄の腹心であった王立軍が二〇一二年二月六日、四川省成都のアメリカ合衆国総領事館に駆け込む亡命未遂事件を起こした。これをきっかけに、薄の妻、谷開来《こくかいらい》による英国人実業家殺害や薄一家の不正蓄財など、薄を巡るスキャンダルが党の統制下にある中国メディアに盛んにリークされた。

薄は殺人事件や不正蓄財への関与を否定したが、同年九月に党から除名されたあと、裁判にかけられ、翌年一〇月に無期懲役が確定した。薄の権力闘争はかくして敗北に終わり、毛沢東を手本にした薄のやり方を一時は称賛した習近平が党総書記の座に就いた。

筆者は時折思う。薄熙来も習近平もそれぞれの父親は文革当時の党幹部で酷い目に遭っている。薄も習もそれを目の当たりにした体験を経て、権力闘争史観を身に付けた「共産党主義」者である。だが、同じ文革世代でも、薄のほうは外資と一体化する合理的な経済運営のセンスを持ち、しかもオープンで本音を隠さずに話す開放的な性格だったことは、彼と交流した多くの日本企業幹部からも聞く。もし、この男が党を率いていたなら、中国経済は、日中関係はどうなったかと。

共産党の強権体制下では権力闘争はつきものだ。あえて、勝ち目のないグループの肩を持つとあとが怖い——。日本は西側諸国の行動に反対する姿勢をとってまで、中国共産党主流派に助け船を出したことになる。それに対して中国側から感謝されたはずはない。むしろ、日本は中国側の言いなりになると見なされただろう。

日本は、天安門事件の翌年となる一九九〇年以降、中国への直接投資を本格化させていく。一九九二年には投資額は一〇億ドルを超し、一九九五年のピーク時には四五億九〇〇〇億ドルを記録する。天安門事件で西側から制裁される状況から中国を救い、さらには経済的にも中国を大いに助けたことになる。

「日中友好」という虚構

日本は何を間違えたのだろうか。天安門事件後の中国経済の立ち直りと、飛躍的な発展を支える羽目になった背景には、一九八五年九月のプラザ合意がある。日本、米国、西ドイツ（現・ドイツ）、英国、フランス五ヶ国の蔵相・中央銀行総裁合意は、急速な円高を日本企業に強い、米国市場一辺倒だった日本の輸出産業の目を成長市場中国へと向けさせた。しかも、日本の政財界では、一九七二年の田中角栄訪中に始まる「日中友好」路線が通奏低音となっている。とりわけ中国に贖罪《しょくざい》意識のある戦前、戦中派の日本の指導層の耳に心地よく響く。

一九九六年秋、英『エコノミスト』誌の主催した国際会議が、タイのプーケットで開かれた。テーマは成長著しい中国経済である。

当時、日経香港支局長だった筆者も呼ばれ、演壇で「中国は早晩、世界を脅かす巨大恐龍になる。西側はその卵を孵化《ふか》、揺籃《ようらん》してはならない」と論じたが、米欧の経済アナリストたちはこぞって中国市場の将来性の素晴らしさを称賛するばかりだった。

二一世紀に入り、巨龍中国がグローバリズムの大潮流に乗った。中国経済は高度成長軌道に入り、日中関係の次元は根本から変わった。きっかけは二〇〇一年一二月の中国の世界貿易機関（ＷＴＯ）加盟である。

ＷＴＯの貿易、投資ルールは日本など西側企業の対中投資を後押しする。外資は中国にカネと技術を持ち込んで生産し、輸出を急増させた。中国は増える外貨準備をもとに、人民元金融を拡張していく。

ドルにペッグしていた人民元金融システムは、二〇〇八年九月のリーマン・ショック後のＦＲＢの量的緩和で発行された巨額のドル資金を吸収し、さらなる中国の高成長を実現する土台となった。さながらフランケンシュタイン博士のごとく、日本も米欧に負けじとばかりに怪物をつくり、育成したのである。

対照的に、一九九〇年代初めに平成バブルが崩壊し、一九九〇年代後半に慢性デフレ不況に突入した日本は、財政と金融の両政策を間違いつづけた。財政は緊縮と増税、金融は緩和を避け、円相場は円高水準維持策だ。経済成長は長期に亘《わた》ってゼロ・パーセント前後に陥った。中国のＧＤＰは二〇一〇年には日本を抜き、米国に次ぐ世界第二位の経済超大国になった。

興隆する中国と凋落《ちょうらく》する日本。日本の産業界は国内ではなく、米国、そして拡大著しい中国市場にますます依存せざるを得ない。日本は依然として「日中友好」の心理状態のままだ。中国共産党指導層はそれにつけ込み、ことあるごとに史実とはかけ離れた「南京大虐殺」など「歴史問題」を取り上げて、日本の政財界、メディアを揺さぶり、ひれ伏させる。

習の膨張主義の虚構

二〇一二年秋の共産党大会で党トップの総書記に就任した習近平は、鄧小平の遺言だった韜光養晦《とうこうようかい》（能ある鷹は爪を隠すという意味）路線をかなぐり捨てた。「中華民族の〝偉大なる〟復興」を掲げ、経済力増長に支えられ軍拡に邁進《まいしん》する。「中華民族」とは、中国大陸を統治した諸民族を総称する概念として、習政権がつくりあげた架空の民族である。

中国の近現代史では、モンゴル族、チベット族と連合した満洲族に漢民族が従属する体制の清帝国の版図を、まず中華民国が引き継ぎ、国共内戦に勝利した中華人民共和国が占拠した。

民族単位で所謂《いわゆる》国民国家が成り立つ現代世界において、中国共産党が多様な民族で構成される広大な旧帝国の領域をまとめて統治する権力を正当化するためには、どうしても、「偉大な中華民族」の虚構が必要なのだ。

その妄想は対外膨張主義へと習を駆り立てる。その具体例のひとつが習が二〇一三年に打ち上げた拡大経済圏構想「一帯一路」である。一帯一路はかつてモンゴル族が君臨したユーラシア大陸全域とそれに隣接する陸海を想定し、版図にある主要都市すべてから北京へと道を繋げる。

「日中友好」の夢から覚めない日本の財界は一帯一路プロジェクトへの参加を期待しつづける。親中メディアもそうだ。『日経新聞』『朝日新聞』は社説などで、一帯一路沿線国向け金融を担う中国主導のアジアインフラ投資銀行（ＡＩＩＢ）の設立時（二〇一五年）には、「バスに乗り遅れるな」と日本政府の出資参加をせき立てた。

いまや南シナ海、台湾、東シナ海と中国の軍事攻勢は強まる一方である。

同時に、不動産バブル崩壊不況のもと、習は不動産投資に代わる成長のエンジンを製業に求め、大号令をかけた。ＥＶなど工業品の過剰生産はとどまることなく、安値輸出攻勢を激化させる。政治、経済、軍事、外交が一体となった習近平の軍民融合戦略である。

さらに二〇二四年五月には、台湾の頼清徳総統の就任式に日本の超党派国会議員団が出席したことに関し、駐日中国大使が「日本の民衆が火の中に連れ込まれることになる」と恫喝《どうかつ》した。対する岸田文雄政権は事なかれ主義で終始する。上川陽子外相は外務官僚の書いた作文の棒読みに徹し、自らの言葉での表現を避ける。

二〇二三年七月、中国は沖縄県尖閣諸島周辺の日本の排他的経済水域（ＥＥＺ）内にブイ（浮標）を設置した。これについて、上川外相は「中国側がブイを放置している現状を深刻に受け止めている」と強調するだけで、放置している。さらに二〇二四年六月には太平洋の沖ノ鳥島（東京都）北方に位置する日本の大陸棚の海域にブイを設置したことが判明した。同海域は「四国海盆海域」で、海底にはレアメタルなどの鉱物資源があるとされる。林芳正官房長官は「遺憾だ」と表明し、中国側は「ブイは津波観測用だ」としか説明しない。

「中国共産党の戦術は相手が一歩下がれば、二歩前に出る」とは、筆者知人の米国の中国専門家、D・パール氏の見解だ。そのとおり、中国側は日本が弱腰とみれば、それにつけ込む。

北京に陳情するしかない日本財界

政治経済、軍事のあらゆる面で高まる中国の脅威に対し、米国は半導体、AIなどハイテク技術の禁輸、EVへの高関税などで対抗しようとし、日本にも強く同調を求める。

だが、日本の産業界は対中規制に応じた場合に想定される、中国からの部品、材料の対日禁輸といった報復を極端なまでに恐れる。岸田文雄政権は産業界の悲鳴を受けて、対米調整に苦慮する。

先述のように二〇二四年一月、経団連の十倉雅和会長を団長とする財界の総勢約二一〇人の代表団が訪中した。経団連発表によれば、十倉会長は中国の政府、民間との相互理解を深め、日中の戦略的互恵関係の推進に貢献していくと約束し、応対した李強首相は「平和」「友好」「協力」のもとで日中協力を一層推進していくと発言したという。謂《い》わば、日中友好協力のエールの交換だが、真相はきれい事ではない。

内実は日本側の陳情であり、中国の対日配慮に対する感謝の意の伝達だった。

というのは、当時、中国側はハイブリッド車の車載電池の電極材料の対日供給を規制すると通告していた。そうなると、中国からの供給に頼っているトヨタ自動車をはじめ、日本メーカー各社は日本国内でのハイブリッド車製造中止に追い込まれる。日本側の懇願の結果、中国側は供給継続に理解を示したとの感触を得たという。中国側は引き換えに、トヨタなどの先端技術の提供を求めてくる可能性が高い。

中国はＥＶ、ＰＨＶ、車載用リチウムイオン電池の生産で圧倒的なシェアを持つばかりではない。それらの原材料になる希少金属、希土類からそれらを使った部品の供給を独占している。

習政権はこうした強みを武器に供給停止のカードをちらつかせてくる。そうした経済的威圧行為に脅かされるのは、米欧も同じだから、Ｇ７は部品や原材料のサプライチェーンで協調する体制構築を話し合っている。しかし、鉱物資源の一部は中国がほぼ一〇〇パーセント独占しているケースもあるし、加工技術や品質では西側がすぐには追いつかない恐れもあるというのが実情だ。

日本の自動車産業は、基幹部品、材料の供給で、謂わば中国に「チョークポイント」（要衝）を押さえられているが、日本自らの対抗策を打ち出そうとはせず、もっぱら不確かな米欧との多国間協調に打開策を求める。そして、「日中友好」の名のもとに、中国側の配慮にすがるのが実情なのだ。

いま日本は、中国への姿勢を改めるべきときに来ている。

おわりに

日銀による円資金発行（マネタリーベース）、日本の対外金融債権と、海外からの対中金融債権（投融資残高）は、二〇一二年末以降、同じ趨勢《すうせい》を示している。

統計学でいう相関係数（異なるデータが同じ動きをする度合いのことで、最大値は一）を算出すると、円資金発行と対外金融債権は〇・九三、対外金融債権と外国の対中金融債権は〇・九五、さらに円資金発行と外国の対中金融債権は〇・九二にも上る。なぜこうも「相性」が良いのか、理由を以下説明しよう。

キーワードはやはり「デフレ」である。日本経済はこれまで三〇年、慢性デフレの状況が続いてきた。国内需要が圧迫されるデフレのもとでは資金需要に乏しい。二〇一三年以降、日銀が大量のカネを刷って市中銀行に流し込む異次元金融政策に踏み切っても、国内の企業や消費者向け貸し出しにはほとんど回らず、銀行間の資金融通を主とする短期金融市場に溢れ返る。

短期市場での余剰資金は海外の金融機関や投資ファンドによって吸い上げられ、ニューヨークなどの市場で運用される。次には、米国の銀行や投資ファンドなどがより高い投資利回りを求めて、新興国市場に投融資する。中国はその代表だ。

同時に、中国の企業や金融機関は香港市場などでドル資金を調達する。中国に流入したドルは、中国人民銀行が人民元資金を発行して金融機関から買い上げ、外貨準備に組み込む。中国の金融機関は銀行、ノンバンクを問わず、企業や地方政府などに投融資する。なかでも、中国の経済成長を牽引《けんいん》する不動産開発にカネが集中する。

中国の習近平政権は二〇一五年夏に輸出産業テコ入れのため、人民元切り下げに踏み切ると、激しい資本逃避に見舞われ、金融不安に直面した。米連邦準備制度理事会（FRB）のJ・イエレン議長（現・米財務長官）は二〇一五年一二月に政策金利引き上げに踏み切ったが、中国からの資本流出が加速しかねなかった。中国人民銀行首脳からの訴えを聞いたイエレン議長は以来一年間、再利上げを見送った。

中国救済でイエレン議長以上に貢献したのが日銀の黒田東彦《はるひこ》総裁（当時）である。黒田総裁は『日経新聞』「私の履歴書」第二四回「マイナス金利 原油・人民元安に懸念」（二〇二三年一一月二五日付）で、以下の通り述懐した。

私は16年1月、スイスでの世界経済フォーラム（ダボス会議）に登壇し（中略）「中国は資本規制を強化した方がよい」と発言した。人民元安が再び日本を含むアジアにデフレ圧力を及ぼす懸念があった。（中略）新興国経済への先行き懸念もあり、世界的な株安や円高が進んでいた。スイスに出発する前、私は追加金融緩和の選択肢を議論できるように、内々に準備を要請していた。帰国後、1月29日の金融政策決定会合で、日銀はマイナス金利政策の導入を決めた。

黒田発言の直前、ダボス会議では為替投機家のG・ソロスが登場するや「中国のハードランディングは不可避だ」と言い放ち、会場を騒然とさせていた。すると、黒田氏が助け船を出した。

二〇一三年三月に日銀総裁に就任した黒田氏は二〇一三年九月、安倍晋三首相（当時）の背中を押して消費税の大型増税を実行させた。財務官僚出身の黒田総裁は消費税増税に執着する財務省の意向に従い、「確率は低いかもしれないが、国債の暴落が起こったらどえらいことになって対応できないというリスクを冒すのか」と安倍首相を脅した。増税の結果は、デフレ圧力の再燃だ。黒田総裁の消費税増税への傾斜は「流動性の罠《わな》」と呼ばれるケインズの定理を無視している。

デフレ下では中央銀行が極端にまで金利を下げても、カネは投機的な金融市場に向かう。貸し手が金利を払うマイナス金利ともなれば、金融機関は国内の企業や消費者にカネを貸すよりも、高利回りの金融商品に満ち溢れている米国などの金融市場での資金運用に走る。マイナス金利導入以降、二〇二〇年までは日銀の資金発行と日本の対外金融債権は互いにまつわりつくように増えつづけている。日銀が刷るカネ相当額が海外に流出しつづける。

中国は金融危機局面から脱し、外国から投融資を呼び込み、不動産開発主導で経済の高成長軌道に乗ったが、間もなくバブルと化した。

二〇二一年秋には不動産市況の下落が始まり、いまだ底が見えない。そして二〇二三年夏には金融危機が再発した。それは、共産党独裁による不透明で硬直的な金融システムの脆弱《ぜいじゃく》性の表れでもある。

中国の金融危機は外国からの対中投融資が急減するときに起きる。二〇一五年、二〇一六年の危機は米利上げ見送りと日銀のマイナス金利導入に救われた。いまはどうか。

二〇二三年秋、筆者のもとに対日投資を模索する米国の機関投資家が相次いで訪ねてきた。彼らは皆、「ニューヨークでは、中国に投資と言おうものなら、お前は正気かと疑われる」と言う。「脱中国」の理由は対中投資リスクの巨大化だ。

習政権は金融不安に対し、何ら有効な歯止め策をとらないことも、外国の不信を買う。中国の国内金融規模は巨大で、昨年（二〇二三年）は銀行部門で約四六〇〇兆円、「影の銀行」とも呼ばれる非銀行（ノンバンク）が約二七〇〇兆円、合計で約七三〇〇兆円に上る。ノンバンクだけでも国内総生産（GDP）の約二三三〇兆円を凌ぐ。

二〇二三年一二月一日付の中国共産党の機関誌『求是』によると、党中央金融工作会議で習は「マルクス主義の基本原則に基づいて金融を監視せよ」と指令している。手段は徹底的な情報隠蔽《いんぺい》だ。

金融管理当局は支払い不能に陥ったノンバンクの財務内容の公表を拒む。公安警察は抗議する投資家の身元を調べ上げ、二四時間行動を監視し、早朝、深夜を問わず自宅に押し掛ける。若者の失業率は二〇二三年六月に二一パーセントを超えると、中国国家統計局は翌月からの発表をやめた。

ドル資金が入らないと、中国人民銀行は金融の量的拡大が困難になり、財政出動もままならない。商業銀行、ノンバンクを問わず、金融機関は焦げ付きを恐れて貸付に慎重になる。家計は消費を控える。

デフレ圧力は慢性化し、中国の生産者物価前年比上昇率は二〇二二年一〇月以降マイナス、消費者物価上昇率は二〇二三年三月以降、一パーセントに満たず、ゼロ・パーセント前後で推移している。

対する日本はしかし、相変わらずデフレ温存策をとる。岸田文雄政権はプライマリーバランス（基礎的財政収支＝税収と政策支出のバランス）の黒字化目標を二〇二四年度の予算編成基本指針に復活させ、増税と財政支出削減を目指す。

日銀は大規模緩和政策を二〇二三年三月に撤廃し、いつでも追加利上げできるようにした。ところが、家計の実質可処分所得はマイナス続きで、需要は萎縮し、デフレからの脱却の見通しは立たない。おまけに超円安だ。内需停滞のなか、企業、金融機関は国内向け投融資をせずに、海外向け投融資に走る。円安と国内不況の悪循環はひどくなる。

成長に向けた財政出動を果敢に行い、脱デフレを完全に達成すべきだが、財務省路線に従う岸田総理や旧来型の政治家には無理だ。

デフレ中国に対し、日本が脱デフレを果たす。対中優位を、強い日本を取り戻す。そんな戦略センスを持つ、新しい政治リーダーの登場が急がれる。

二〇二四年七月

田村秀男

田村秀男（たむら・ひでお）
産経新聞特別記者・編集委員兼論説委員。昭和21（1946）年、高知県生まれ。昭和45年、早稲田大学政治経済学部卒業後、日本経済新聞社に入社。ワシントン特派員、経済部次長・編集委員、米アジア財団（サンフランシスコ）上級フェロー、香港支局長、東京本社編集委員、日本経済研究センター欧米研究会座長（兼任）を経て、平成18（2006）年、産経新聞社に移籍、現在に至る。おもな著書に『日経新聞の真実』（光文社新書）、『人民元・ドル・円』（岩波新書）、『現代日本経済史』（ワニ・プラス）、『米中通貨戦争』（育鵬社）などがある。

中国経済崩壊、
そして日本は甦る

2024年9月10日　初版発行

著者　田村秀男
発行者　佐藤俊彦
発行所　株式会社ワニ・プラス
〒150-8482
東京都渋谷区恵比寿4-4-9 えびす大黒ビル7F
発売元　株式会社ワニブックス
〒150-8482
東京都渋谷区恵比寿4-4-9 えびす大黒ビル
ワニブックスHP　https://www.wani.co.jp
（お問い合わせはメールで受け付けております。
HPから「お問い合わせ」にお進みください。）
※内容によりましてはお答えできない場合がございます。

装丁　新 昭彦（TwoFish）
編集協力　前屋 毅
DTP　株式会社ビュロー平林
印刷・製本所　中央精版印刷株式会社

Printed in Japan ISBN978-4-8470-7492-9